现代管理会计的
理论与实践应用研究

肖 琼◎著

吉林出版集团股份有限公司

图书在版编目（CIP）数据

现代管理会计的理论与实践应用研究 / 肖琼著 . —
长春：吉林出版集团股份有限公司，2021.8
ISBN 978-7-5731-0315-4

Ⅰ . ①现… Ⅱ . ①肖… Ⅲ . ①管理会计－研究 Ⅳ .
① F234.3

中国版本图书馆 CIP 数据核字（2021）第 164590 号

现代管理会计的理论与实践应用研究

著　者	肖　琼
责任编辑	曲珊珊
封面设计	林　吉
开　本	787mm×1092mm　　1/16
字　数	220 千
印　张	10
版　次	2021 年 11 月第 1 版
印　次	2021 年 11 月第 1 次印刷
出版发行	吉林出版集团股份有限公司
电　话	总编办：010-63109269
	发行部：010-63109269
印　刷	北京宝莲鸿图科技有限公司

ISBN 978-7-5731-0315-4　　　　　　　　定价：79.00 元

前　言

　　现代管理会计不仅能够处理财务方面，还能兼顾非财务方面，因此其提供的资料是复杂多变的。现代管理会计不但对公司的生产、经营等管理方面进行计量和处理进而分析做出有效评估，而且为公司提供全面合理的管理方案。科莱斯平衡计分卡是一种绩效评价体系，现今被大部分企业所用作，在公司战略管理方面发挥非常重要的作用。

　　现代管理会计的内涵是企业运作和制度约束结合下的会计管理。"运作系统"是由企业的生产到加工再到销售以及资源管理等一系列程序组成。公司围绕客户，不断为客户提供有效价值和舒适的服务，使客户能够真真切切地感受到价值。好公司会利用有限的资源创造无限的价值，对现有资源进行合理利用，降低资源消耗。"制度约束系统"是公司的管理制度其包括：战略性的领导、员工绩效考核制度，以及管理决策和控制的支撑。战略性的领导为公司出谋划策，带动企业向正确的方向发展；绩效考核带动员工的积极性，这样员工才会为公司卖力，为公司创造无限的价值；管理决策和控制是企业管理的关键，帮助公司快速发展，降低资源的浪费，达到高效经营的效果。

　　中国的现代管理会计方面发展较慢，并未建立健全管理会计体系。在欧美等国家早已构建完备的管理会计体系，它的建设也是标志着现代管理会计的时代起源。由于西方国家的管理会计系统建成，可以看出规范的现代管理会计系统能提高管理会计的职能性发挥，更加加快了管理会计的进步，促进了中国的经济发展。建立现代管理会计体系同时对相关工作者也有一定的要求，必须满足管理会计师资格条件，并有其符合专业的期刊刊物，使其完全融入中国管理会计机制中，才能建立健全一个完善的中国现代管理开机体系。

　　现代企业的经营离不开现代管理会计的支持，规范的现代管理会计机制带动管理会计的职能发展，为公司创造价值。中国的现代管理会计还没有成熟，大多数公司还没有意识到管理会计的意义，一个没有管理会计机制的控制和约束的公司，不能施展管理会计的职能，就实现不了其对公司管理活动的作用。所以，规范的管理会计机制是企业中得关键环节，也是管理会计活动中的前提环节。在符合中国基本国情的前提下，让管理会计在会计学领域得到有效发挥，促进公司的综合管理能力。

目 录

第一章 会计总论

第一节 会计环境与会计发展阶段

会计作为一种特殊的经济管理活动，产生于人们对生产活动进行管理的客观需要，会计的发展离不开社会生产力发展水平的提高。对会计的理解在经济发展的不同阶段是不同的。我们可以将会计的发展分为三个阶段。

一、古代会计

古代会计阶段，是一个非常漫长的阶段。不少会计学者都在探索会计产生在什么时代、会计最早产生于哪个国家。由于篇幅所限，在此不做过多讨论。我们可以简单地将古代会计阶段归结为从会计产生到1494年。当然，会计的产生究竟从何时开始，目前争议较大，一些人将结绳记事作为会计产生的开始；也有一些人认为会计产生的时间不应该早于文字的产生。关于会计产生的原因，一些人认为在于人类需要计算经济效益、需要比较投入与产出；也有一些人认为是由于委托经济责任制的产生，由于生产资料所有权与经营权相分离，所有者将生产资料委托给经营管理者去管理，作为受托方的经营管理者需要向委托方报告自己的经营管理的状况及其结果，因此就产生了会计。众说纷纭，各种观点都有一定的道理，其共同点都指出了会计在这一阶段是一个相当漫长的时期，在这时间里，会计作为一项经济活动是不断地发展和完善的。1494年，意大利伟大的数学家卢卡·帕乔利出版了他的名著《算术、几何、比及比例概要》一书，系统地描述了热那亚、那不勒斯等地商业交易中的复式记账方法，并对其加以科学的说明，首次总结出了若干重要的记账要素。应该说，正是因为复式记账法大范围的推广，开辟了会计核算的新纪元，因此人们将此书的出版作为划分会计发展阶段的标志。

（一）古代会计环境的特点

（1）国家已经产生。国家为了维持其国家机器的运转，需要有公共财政的支持，也就需要向国民征税。税收的形式很长一段时间是以实物为主，后来逐渐发展到货币形式。

（2）企业的雏形刚刚形成。这时企业的规模非常小，多以手工作坊的形式存在，后来逐渐发展成为手工工厂的形式，但其生产的产品品种单一，生产工艺简单。

（3）生产力水平十分低下。这时主要以手工业生产为主，劳动生产率非常低。

（二）古代会计的特点

（1）以官厅会计为主，主要核算政府的税收收入和收入的分配。

（2）以货币和实物为计量单位。税收多以实物为主，即使产生了货币，也多以实物作为计量单位。到了这一阶段的后期，才逐渐采用货币作为计量单位。

（3）采用单式记账。当时多以流水账的形式出现，也就是将发生的经济业务按时间的先后逐一记录，一般只是记录主要的财产物资的变化，或只在账簿中记录有关货币的收支。

（4）正如马克思所说："会计还没有成为专门的职业，只是作为生产职能的附带部分，在工作之余，将经济活动的过程和结果简单地记录下来。"

二、近代会计

从 15 世纪末到 19 世纪末或 20 世纪初是会计报表形成的时期，是会计的近代阶段。会计报表的形成是划分近代会计与现代会计的标志。

（一）近代会计环境的特点

（1）生产力水平迅速提高，尤其是欧洲的产业革命，大工业生产的出现使得生产效率大大提高，社会生产力水平不断提高；

（2）商业革命和产业革命同时导致了社会大分工，社会出现了明显的行业分工；

（3）随着社会生产力水平的提高，一些手工业工厂规模越来越大，大规模生产的结果又导致生产效率进一步提高，生产的产品品种逐渐增加。

（4）在生产力提高以及社会分工出现的同时也产生了市场竞争，并且市场竞争日益加剧。

（二）近代会计的特点

（1）以企业会计为主。由于企业的规模越来越大，企业会计也逐渐发展起来，并成为会计的主要内容。官厅会计仍然存在，但是逐渐退出主导地位。

（2）在会计实务中以货币作为主要的计量单位，实物单位、劳动量单位逐渐退到次要位置。随着商品经济的出现，货币成为一般等价物，能够衡量和计算商品的价值。因此会计核算能够利用货币作为价值尺度进行价值核算。

（3）普遍采用复式记账法，借贷记账法在全世界各个经济发达国家广泛采用。12 世纪至 13 世纪时，地中海沿岸的国家经济迅速发展，尤其是银行业，银行业一般采用借贷记账法。随着企业会计的发展，企业也纷纷借鉴了银行业的借贷记账法。《算术、几何、比及比例概要》一书，系统地描述了热那亚、那不勒斯等地商业交易中的复式记账，推广了这种记账方法。

（4）会计具有了独立职能。会计逐渐成为一个专门的职业。会计职能逐渐从生产职能中分离出来，形成特殊的专门的独立职能。会计一方面对生产过程中的人力、物力等的消耗量及劳动产品的数量进行记录、计算；另一方面对生产过程中的劳动耗费和劳动成果进行分析、控制和审核，以促使人们节约劳动耗费，提高经济效益。

（5）形成了一套会计核算方法。随着市场竞争的激烈，企业努力提高其竞争能力，将目光转向降低产品成本。因此成本计算作为一种方法纳入到会计核算体系中来。随着企业规模的扩大，经营者逐渐与所有者相分离。为适应这一分离，产生了经营者向所有者报送的会计报表。到会计报表产生后，会计的一套完整的核算方法形成，并一直作为财务会计的核算方法沿用至今。

三、现代会计

现代会计阶段，一般认为是从 19 世纪末或 20 世纪初至今。

（一）现代会计环境的特点

（1）科学技术迅速发展，成为社会生产力发展水平提高的主要动力，社会生产力水平急速提高，近百年创造的财富相当于人类历史上 1000 多年创造的财富的总和。

（2）生产社会化程度日益提高，出现了跨国公司，它们在世界经济中扮演着重要的角色。出现了全球经济一体化的趋势，经济生活日渐复杂，对会计的要求越来越高，会计日益成为经济管理的重要组成部分。

（3）市场竞争越来越激烈。激烈的市场竞争要求企业不仅要降低成本，而且要加强企业内部的经营管理和控制，在竞争中发展壮大。

（4）其他相关学科也发展起来，行为科学、环境科学、系统论、控制论、信息论、应用数学的发展，为会计领域的扩展提供了基础。特别是 20 世纪 50 年代以后电子计算机的飞速发展和广泛采用，为会计理论和实务的发展提供了前所未有的广阔前景。

（二）现代会计的特点

（1）会计理论的形成标志着会计成为一门真正的科学。在近代会计中，会计的记账方法充其量仅仅是一种应用数学方法。到了现代会计阶段，尤其是 1929 年至 1933 年的经济危机后，会计不再是一种纯粹的计算方法，而成为经济管理科学中的一门重要学科。

（2）会计成为经济管理的重要组成部分。随着经营规模越来越大的公司出现，以及市场竞争的激烈，要求会计成为一种对生产经营活动进行核算与监督的以价值管理为主要特征的经济管理活动。会计的职能决定了会计正是一种以经济数据的记录、计算、分析、控制、审核为中心的经济管理工作。

（3）形成完整的会计体系。近代会计阶段形成的一套会计核算方法，主要用于对外报告，称为"对外报告会计"，或称为"财务会计"。由于竞争的激烈、数学的发展，以及经营管理的需要，逐渐将数学方法应用到会计中来，形成了为加强企业内部管理的会计管理。由于税法的完善、税种的增加，以及国家对企业控制手段的调整，纳税会计也逐渐从财务会计中独立出来，成为会计的重要分支。

（4）会计规范化。逐渐形成的基本会计准则和具体会计准则成为会计行为的规范，随着会计准则的不断完善，会计主观随意性受到抑制。

第二节 会计假设与会计信息质量要求

一、会计假设

组织会计核算工作，需要具备一定的前提条件，即在组织核算工作之前，首先要解决与确立会计核算主体有关的一系列问题。这是会计工作的基础，具有非常重要的作用。目前国内外会计界多数人认为会计基本假设有四个。

（一）会计主体

会计主体是会计核算服务的对象或会计人员进行会计确认、计量、记录和报告时采取的立场。会计主体界定了会计核算的空间范围。有利于正确地反映一个经济实体所拥有的财产及承担的债务，计算其经营收益或可能遭受的损失，提供准确的财务信息。

应当注意的是，"会计主体"与"法律主体"是不同的概念。作为一个法律主体，其经济上必然是独立的，因而法律主体一般应该是一个会计主体，但是构成会计主体的并不一定都是法律主体。比如，从法律角度看，独资及合伙企业所有的财产和债务，在法律上应视为所有者个人财产延伸的一部分，独资及合伙企业在业务上的种种行为仍视其为个人行为，企业的利益与行为和个人的利益与行为是一致的，独资及合伙企业都因此而不具备法律主体资格。但是，独资及合伙企业都是会计主体，在会计处理上都要把企业的财务活动与所有者个人的财务活动截然分开。

（二）持续经营

持续经营假设是指企业在可以预见的将来，不会面临破产和清算，而是持续不断地经营下去。这一假设是从时间上对会计核算进行了界定。持续经营假设对于会计核算十分重要，它为正确地确定财产计价、收益，为计量提供了理论依据。只有具备了这一前提条件，才能以历史成本作为企业资产的计价基础，才能够认为资产在未来的经营活动中可以给企业带来经济效益，固定资产的价值才能够按照使用年限的长短以折旧的方式分期转为费用。对一个企业来说，如果持续经营这一假设不存在了，那么一系列的会计准则和会计方法也相应地会丧失其存在的基础，所以，作为一个会计主体必须以持续经营作为假设前提。

（三）会计分期

会计分期假设是指将一个企业持续经营的生产经营活动期间划分为若干连续的、长短相同的期间。这一假设是从持续经营假设引申出来的，是持续经营的客观要求。因为企业的经营活动从时间上看是一个持续不断的过程，但会计为了确定损益和编制财务报表，定期为使用者提供信息，就必须将持续不断的经营过程划分为若干个会计期间。会计期间分为年度和中期。年度和中期均按公历起讫日期确定。中期，是指短于一个完整的会计年度的报告期间。会计期间划分的长短会影响损益的确定，一般来说，会计期间划分得越短，反映经济活动的会计信息质量就越不可靠。当然，会计期间的划分也不可能太长，太长了会影响会计信息使用者及时使用会计信息的需要。因此会计期间划分必须恰当。

（四）货币计量

用货币来反映一切经济业务是会计核算的基本特征，因而也是会计核算的一个重要的前提条件。选择货币作为共同尺度，以数量的形式反映会计实体的经营状况及经营成果，是商品经济发展的产物。会计计量是会计核算的关键环节，是会计记录和会计报告的前提，货币则是会计计量的统一尺度。另外，货币计量这一假设还暗含币值稳定这一假设。我国企业会计制度规定，企业的会计核算一般以人民币为记账本位币，业务收支以人民币以外的货币为主的单位，可以选定其中一种货币作为记账本位币，但是编报的财务会计报告应当折算为人民币。上述四个假设相互依存，相互补充。会计主体界定了会计核算的空间范围，持续经营和会计分期界定了会计核算的时间长度，货币计量为会计核算提供了必要的手段。没有会计主体就没有持续经营，没有持续经营就没有会计分期，没有货币计量就没有现代会计。

二、会计信息质量要求

会计信息质量要求是对企业财务报告中所提供的会计信息质量的基本要求，是使财务报告中所提供会计信息对使用者决策有用所应具备的基本特征。我国企业会计准则规定了八个会计信息质量要求。

（一）客观性

企业应当以实际发生的交易或事项为依据进行会计确认、计量和报告，如实反映符合确认和计量要求的各项会计要素及其他相关信息，保证会计信息真实可靠、内容完整。这一要求包括三个方面的含义：一是真实性，即提供的会计信息应如实反映企业的财务状况、经营成果和现金流量状况；二是可靠性，指对经济业务的确认、计量和报告应不偏不倚，以事实为依据，以供复查其数据来源和信息提供过程；三是完整性，如收入大幅提高是由于国家政策所致时，只在报表中提供收入信息是不够的，应披露国家政策的影响。

（二）相关性

企业提供的会计信息应当与财务会计报告使用者的经济决策需要相关，有助于财务会计报告使用者对企业过去、现在或者未来的情况做出评价或者预测。如相关产品过剩，企业存货跌破账面价，会计上计提跌价准备就是提供资产已经减值的相关信息。

（三）明晰性

企业提供的会计信息应当清晰明了，便于财务会计报告使用者理解和使用。企业的明晰性原则指会计核算和编制的财务会计报告应当清晰明了，便于理解和运用。会计信息的价值在于对信息利用者的决策有用，因而必须使信息利用者理解会计记录乃至填报报告语言、方法的含义和用途。明晰性原则应贯穿于会计凭证开始的各个阶段。

（四）可比性

企业提供的会计信息应当具有可比性。可比性具有两个方面的含义：一是同一企业纵向可比。同一企业不同时期发生的相同或者相似的交易或者事项，应当采用一致的会计政策，不得随意变更。确需要变更的，应当在附注中说明。如企业将存货计价方法从先进先出法改为加权平均法，会对存货发出成本和结存存货价值产生不同影响，附注中应该说明。二是不同企业间应横向可比。不同企业发生的相同或者相似的交易或者事项，应当采用规定的会计政策，确保会计信息口径一致，相互可比。企业经营的好坏、资产情况如何，靠企业间会计报表信息比较，如果企业记账都口径一致，无疑可比性增强。可比性原则以客观性原则为基础，并不意味着不能有任何选择，只要这种选择仍然可以进行有意义的比较，如为了如实反映应收账款的风险，可以根据实际情况选择计提坏账准备比例。

（五）实质重于形式

企业应当按照交易或者事项的经济实质进行会计确认、计量和报告，不应仅以交易或者事项的法律形式为依据。如果企业的会计核算仅仅按照交易或事项的法律形式或人为形式进行，而其法律形式或人为形式又未能反映其经济实质和经济现实，那么，会计核算的结果不仅不会有利于会计信息使用者的决策，反而会误导会计信息使用者的决策。如将融资租入固定资产视同为自有固定资产进行会计处理，就是遵循实质重于形式的原则。

（六）重要性

企业提供的会计信息应当反映与企业财务状况、经营成果和现金流量等有关的所有重要交易或者事项。企业的会计核算应当遵循重要性原则，在会计核算过程中对交易或事项应当区别其重要性程度，采用不同的核算方法。对资产、负债、损益等有较大影响，并进而影响财务会计报告使用者据以做出合理判断的重要会计事项，必须按照规定的会计方法和程序进行处理，并在财务会计报告中予以充分、准确的披露；对于次要的会计事项，在不影响会计信息真实性和不至于误导财务会计报告使用者做出正确判断的前提下，可适当简化处理。如某项资产过少可不单独在会计报告中而在财务会计报告中合并反映。重要性原则与会计信息成本效益直接相关，坚持重要性原则能使提供会计信息的收益大于成本。

（七）谨慎性

企业对交易或者事项进行会计确认、计量和报告应当保持应有的谨慎，不应高估资产或者收益、低估负债或者费用。企业在进行会计核算时，应当遵循谨慎性原则。谨慎性原则是指会计人员对存在不同会计处理程序和方法的某些经济业务或会计事项时，应在不影响合理反映的前提下，尽可能选择不虚增利润和夸大所有者权益的会计处理程序和方法进行会计处理。当有多种会计方法可供选择时，应当遵循谨慎性原则的要求，不得多计资产或收益、少计负债或费用，也不得计提秘密准备。

（八）及时性

企业对于已经发生的交易或者事项，应当及时进行会计确认、计量和报告，不得提前或者延后。及时性原则是指企业的会计核算应当及时进行，以保证会计信息的时效性。及时性原则包含两重含义，一是对发生的经济业务及时记录，跨期记录影响核算结果，影响信息质量；二是将会计信息及时输送给相关使用者，迟报信息将影响相关使用者对企业的判断以致决策。因此，记账、算账、报账都不得提前或延后。

第三节　会计要素

会计要素是对会计对象进行的基本分类，是会计核算对象的具体化。我国会计准则将会计要素分为2大类6个要素：一是反映企业财务状况的要素，包括资产、负债、所有者权益；二是反映企业财务成果的要素，包括收入、费用和利润。

一、资产

（一）资产的定义

资产是指企业过去的交易或事项形成的、由企业拥有或控制的、预期会给企业带来经济利益的资源。

对资产定义的理解应把握好以下几点：首先，资产是由企业过去交易或事项形成的，预期在未来发生的交易或事项不形成企业的资产；其次，资产可以是由企业享有所有权的经济资源，但也包括企业不享有所有权，但能对其实施控制的经济资源；最后，资产应当预期会给企业带来经济利益，这些经济利益可以是直接导致未来现金或现金等价物流入企业，也可以是间接导致未来现金或现金等价物流入企业。

（二）资产的确认

符合资产定义的资源，在同时满足以下条件时，确认为资产：

（1）与该资源有关的经济利益很可能流入企业；

（2）该资源的成本或者价值能够可靠计量。

符合资产定义和资产确认条件的项目，应当列入资产负债表；符合资产定义，但不符合资产确认条件的项目，不应当列入资产负债表，只能在报表附注中披露。

二、负债

（一）负债的定义

负债是指企业过去的交易或者事项形成的、预期会导致经济流出企业的现时义务。

对负债定义的理解应把握以下几点：首先，现时义务是指企业在现行条件下已承担的义务。未来发生的交易或事项形成的义务，不属于现时义务，不应当确认为负债。如本期材料采购的未付款，形成现时义务，属于负债；但下期进货的未付款不形成本期的义务，不应确认为负债；其次，经济利益的流出，指负债将由企业在未来某个时日加以清偿。负债的清偿方式，可以是转移资产，或者提供劳务，也可以是将债务转为所有者权益。

（二）负债的确认

符合负债定义的义务，在同时满足下列条件时，确认为负债：

（1）与该义务有关的经济利益很可能流出企业；

（2）未来流出的经济利益的金额能够可靠计量。

符合负债定义和负债确认条件的项目，应当列入资产负债表；符合负债的定义、但不符合负债确认条件的项目，不应当列入资产负债表，只能在附注中说明。

三、所有者权益

（一）所有者权益的定义与来源

所有者权益是指企业资产扣除负债后由所有者享有的剩余权益。公司的所有者权益又称为"股东权益"。

所有者权益的来源包括所有者投入的资本、直接计入所有者权益的利得和损失、留存收益等。其中所有者投入的资本，可以是企业或自然人自愿投入企业的现金、存款或实物资产；直接计入所有者权益的利得和损失，是指不应计入当期损益、会导致所有者权益发生增减变动的、与所有者投入资本或者向所有者分配利润无关的利得或损失。利得是指企业非日常活动所形成的、会导致所有者权益增加的、与所有者投入资本无关的经济利益的流入。如公司发行股票的发行溢价部分。损失是指由企业日常活动所发生的、会导致所有者权益减少的、与向所有者分配利润无关的经济利益的流出。如债权人的债务重组损失。

（二）所有者权益的计量

由于所有者权益等于资产扣除负债后的余额，所以所有者权益金额取决于资产和负债的计量。在我国负债一般以账面价值计量，所以多数情况下，资产的计量是关键。在公允价值计量基础指导下，资产价值随市场价值波动；计提减值准备等会计政策也影响资产的价值，因而从某种意义上讲，所有者权益的价值取决于企业所采用的计量基础、计量原则等会计政策。所有者权益项目应当列入资产负债表。

四、收入

（一）收入的定义

收入是指企业在日常活动中形成的、会导致所有者权益增加的、与所有者投入资本无关的经济利益的总流入。由此可见，不是企业日常活动形成的经济利益，不能记为收入；与所有者投入资本有关的经济利益的总流入也不能记为收入。

（二）收入的确认

收入只有在经济利益很可能流入从而导致企业资产增加或者负债减少，且经济利益的流入额能够可靠计量时才能予以确认。企业间日常经济往来多为信用形式，即采取赊销赊购形式，可能造成收入的大部分是应收账款，只有应收账款很可能收回的情形下，才能确认为收入。预收账款是没有提供产品或者服务前，收到客户款项，将来有提供产品或服务的义务，会使经济利益流出，会计上确认为负债。收入计量的情形有的比较复杂，如跨期建造工程的收入计量，一般按照工程进度百分比测算，其测算是否有可靠现状和数字依据、人为主观经验估计的成分有多大，这些都需要科学的测算和计量。

符合收入定义和收入确认条件的项目，应当列入利润表；不能可靠计量的项目，如上述建造合同的项目不容易测定完工进度，即本期不能可靠计量，则不能在当期列入利润表，需要在附注中说明。

五、费用

（一）费用的定义

费用是指企业在日常活动中发生的、会导致所有者权益减少的、与向所有者分配利润无关的经济利益的总流出。与向所有者分配利润相关的经济利益的流出不能记为费用，如向投资者分红。值得注意的是，费用有期间概念，有些本期支出不一定形成费用，如企业交纳了下年度的保险费，虽然有支出，但不属于本期的耗费，应确认为资产。

（二）费用的确认

费用只有在经济利益很可能流出从而导致企业资产减少或者负债增加，且经济利益的流出额能够可靠计量时才能予以确认。企业发生费用使资产减少的情况很多，如交纳水电费使企业存款减少。企业发生费用使负债增加的情况指应确认为本期的费用，但是没有支付。如本期使用借款应该负担的利息确认为费用，但是下期支付，形成一项负债。

企业为生产产品、提供劳务等发生的可归属于产品成本、劳务成本等费用，应当在确认产品销售收入、劳务收入等时，将已销售产品、已提供劳务的成本等计入当期损益。符合费用定义和费用确认条件的项目，应当列入利润表。

六、利润

利润是指企业在一定会计期间的经营成果。利润包括收入减去费用后的净额、直接计入当期利润的利得和损失等。即利润分为两个层次：第一个层次为营业收入减去营业成本、营业税金、管理费用、销售费用、财务费用；第二个层次为再加减直接记入当期利润的利得和损失。直接计入当期利润的利得和损失，是指应当计入当期损益、会导致所有者权益发生增减变动的、与所有者投入资本或者向所有者分配利润无关的利得和损失。直接计入当期利润的利得和损失，主要包括：投资收益、非流动资产处置损益、可供出售金融资产公允价值变动净额、现金流量套期工具公允价值变动净额等。

利润金额取决于收入和费用、直接计入当期利润的利得和损失金额的计量。因此，由于有了收入、费用、利得、损失的确认条件，就不用单独设立确认利润的条件。利润项目应当列入利润表。利润的计算公式为：

利润＝（收入－费用）＋（利得－损失）

第四节　会计计量

企业在将符合确认条件的会计要素登记入账并列报于会计报表及其附注时，应当按照规定的会计计量属性进行计量，确定其金额。会计计量属性主要包括：

一、历史成本

在历史成本计量下，资产按照购置时支付的现金或现金等价物的金额，或按照购置资产时所付出的对价的公允价值计量。负债按照因承担现时义务而实际收到的款项或资产的金额，或承担现时义务的合同金额，或按照日常活动中为偿还负债预期需要支付的现金或现金等价物的金额计量。

历史成本又称"原始成本"或"实际成本"，指由购入、制造或建造而取得资产时所付出的代价。历史成本原则要求对企业取得的资产、资产耗用、转换和处置，一律按历史成本计价。历史成本计价较为合理，因为历史成本反映商品买卖的成交价值，具有客观性，它是资产在取得日期价值的可靠标志，也具有验证性，以历史成本计价为基础报出的财务报告可信度高。除法律、法规和国家统一会计制度另有规定者外，不得自行调整其账面价值。

历史成本原则在负债计量时，体现在不仅是借到多少钱就有偿还多少的义务，有时还包括借款时合同约定到期应该支付的金额，如套期交易合同。像这种交易记入的金额不仅包括现金，还包括可转让的应收账款等现金等价物。

二、重置成本

在重置成本计量下，资产按照现在购买相同或者相似资产所需支付的现金或现金等价物的金额计量。负债按照现在偿还该项负债所需支付的现金或现金等价物的金额计量。

重置成本法的基本思路，站在买者的角度，是指重新购买相同或相似的全新资产所花费的各种成本费用的总和，即在现行市价条件下需要支付的总成本额。应用重置成本法的前提为：第一，具备可利用的历史资料；第二，体现社会或行业平均水平；第三，资产的实体特征、内部结构及功能必须与重置全新资产具有可比性；第四，资产必须是可再生的，或是可以复制的；第五，资产必须是随着时间的推移具有贬值特性的资产。重置成本法的优点为有利于单项资产和特定用途资产的计量，实用性强，应用广泛；比较充分的考虑了资产的损耗，考虑因素比较全面，计量的结果更趋于公平合理；有利于企业资产的保值。其缺点为以历史资料为依据确定目前价值，必须充分分析这种假设的可行性；各种贬值难以全面计算；工作量大，计算复杂。

三、可变现净值

是指在可变现净值计量下资产按照其正常对外销售所能收到现金或现金等价物的金额扣除该资产至完工时估计将要发生的成本、估计的销售费用以及相关税费后的金额计量。

四、现值

是指在现值计量下，资产按照预计从其持续使用和最终处置中所产生的未来净现金流量的折现金额计量，负债按照预计期限内需要偿还的未来净现金流出量的折现金额计量。

五、公允价值

是指在公允价值计量下，资产和负债按照在公平交易中，熟悉情况的交易双方自愿进行资产交换或者债务清偿的金额计量。

公允价值计量资产时，存在活跃市场的，应当以其市场价格为基础确定其公允价值；该资产不存在活跃市场，但与其类似资产存在活跃市场的，应当以类似资产的市场价格为基础做适当调整，然后确定其公允价值；在上述两种情况下仍不能确定非现金资产公允价值的，应当以交易双方自愿进行的公允的资产交易金额为依据确定其公允价值。金融资产可以用未来现金流量的贴现价值计量。考虑到我国市场发展的现状，目前主要在金融工具、投资性房地产、非共同控制下的企业合并、债务重组和非货币性交易等方面采用了公允价值计量。

企业在对会计要素进行计量时，一般应当采用历史成本计量。采用重置成本、可变现净值、现值、公允价值计量的，应当保证所确定的会计要素金额能够取得并可靠计量。

第五节　财务会计报告

财务会计报告是指企业对外提供的反映企业某一特定日期的财务状况和某一会计期间的经营成果、现金流量等会计信息的文件。

一、财务会计报告内容

财务会计报告包括会计报表及其附注和其他应当在财务会计报告中披露的相关信息和资料。会计报表是对企业财务状况、经营成果和现金流量的结构性描述，会计报表至少应当包括资产负债表、利润表和现金流量表等报表。小企业编制的财务会计报表可以不包括现金流量表。

二、列报基础与要求

企业应当以持续经营为基础，进行报表列报。企业管理层应当评价企业的持续经营能力，对持续经营能力产生严重怀疑的，应当在附注中披露导致对持续经营能力产生重大怀疑的不确定因素。

企业在当期已经决定下一个会计期间进行清算或停止营业，表明其处于非持续经营状态，应当采用其他基础编制财务报表，如破产企业的资产应当采用可变现净值计量等，并在附注中声明财务报表未以持续经营为基础列报，披露未以持续经营为基础的原因以及财务报表的编制基础。性质或功能不同且具有重要性的项目，应当在财务报表中单独列报；性质或功能类似的项目，可以合并列报。判断项目性质的重要性，应当考虑该项目是否属于企业日常活动，是否对企业财务状况和经营成果具有较大影响等因素；判断项目金额大小的重要性，应当以单项金额占资产总额、负债总额、所有者权益总额、营业收入总额、净利润等直接相关项目金额的比重加以确定。

三、主要三大报表

（一）资产负债表

资产负债表是指反映企业在某一特定日期的财务状况的会计报表。资产负债表由流动资产和非流动资产、流动负债和非流动负债以及所有者权益几部分组成。流动资产主要有货币资金、应收及预付账款、交易性投资、投资性房地产、固定资产、生物资产、递延所得税资产、无形资产等；流动负债主要有短期借款、应付及预收账款、应交税费、应付职工薪酬、预计负债等；非流动负债主要有长期借款、长期应付款、应付债券、递延所得税负债等；所有者权益主要包括实收资本（或股本）、资本公积、盈余公积、未分配利润等项目。

（二）利润表

利润表是指反映企业在一定会计期间的经营成果的会计报表，由收入及经营业务发生的成本、管理费用、销售费用和财务费用等项目组成。利润表主要列示营业收入、营业成本、管理费用、销售费用、财务费用、投资收益、公允价值变动损益、资产减值损失、非流动资产处置损益、所得税费用、净利润等项目。

（三）现金流量表

现金流量表是指反映企业在一定会计期间的现金和现金等价物流入和流出的会计报表。现金流量表主要由经营活动的现金流量、投资活动的现金流量和筹资活动的现金流量构成。经营活动产生的现金流量有销售商品、提供劳务收到的现金，购买商品、接受劳务支付的现金以及为职工支付的现金，支付的各项税费、支付其他与经营活动有关的现金；投资活动产生的现金流量有收回投资收到的现金、取得投资收益受到的现金、处置固定资产、无形资产和其他长期资产收回的现金净额、处置子公司及其他营业单位收到的现金净额、收到其他与投资活动有关的现金、购建固定资产、无形资产和其他长期资产支付的现金、投资支付的现金、取得子公司及其他营业单位支付的现金净额、支付其他与投资活动有关的现金；筹资活动产生的现金流量有吸收投资收到的现金、取得借款收到的现金、收到其他与筹资活动有关的现金、偿还债务支付的现金、分配股利、利润或偿付利息支付的现金、支付其他与筹资活动有关的现金等项目。

四、附注

附注是指对在会计报表中列示项目所做的进一步说明，以及对未能在这些报表中列示项目的说明等。附注是财务报告不可或缺的组成部分，报告使用者要了解企业的财务状况、经营成果和现金流量，应当全面阅读附注。"附注"相对于"报表"而言，具有同样重要性。附注应当按照一定的结构进行系统合理的排列和分类，有顺序地披露信息。一般企业都应披露企业基本情况、财务报表的编制基础、遵循企业会计准则的声明、重要会计政策和会计估计、会计政策和会计估计变更以及差错更正的说明、重要报表项目的说明等事项。

第六节　新旧基本准则比较

一、整体结构变化

旧准则在整体结构上共分为 10 章：总则、一般原则、资产、负债、所有者权益、收入、费用、利润、财务报告和附则。新准则分为 11 章，新增加了"会计计量"一章，同时，将第二章的名称"一般原则"改为"会计信息质量要求"，突出了财务会计的目标，即提供有用的信息。

二、总则部分变化

首先，在准则的适用范围上，旧准则为"包含设在中华人民共和国境外的中国投资企业"。新准则改为"适用于在中国境内设立的企业"。其次，在目标上，旧准则目标为：统一会计核算标准，保证会计信息质量。新准则修改为：为了规范企业会计确认、计量和报告行为，保证会计信息质量。最后，在对财务报告的目标表述上，旧准则表述为：满足国家宏观经济管理的需要。新准则修改为：向财务会计报告使用者提供与企业财务状况、经营成果和现金流量等有关的会计信息，反映企业管理层受托责任履行情况，有助于财务会计报告使用者做出经济决策。

三、会计信息质量要求变化

旧准则是将会计信息质量要求和会计计量和确认原则放在一起，统称为"一般原则"。新准则将原"一般原则"中的 7 个会计信息质量要求和"实质重于形式"单独列出作为一章，称为"会计信息质量要求"。新准则突出了相关性和可比性，强化了重要性原则。

四、会计要素变化

六大会计要素的定义新准则均发生较大变化。在资产、负债和收入要素上，新旧准则在其确认上也发生了变化。另外在分类或特征表述上也有不同的修改，限于篇幅，在此不做一一比较。

五、会计计量变化

旧准则未单独做一章说明。而新准则单独列为一章，指出企业在将符合确认条件的会计要素登记入账并列报会计报表及其附注（又称"财务报表"）时，应当按照规定的会计计量属性进行计量，确定其金额。会计计量属性主要包括：历史成本、重置成本、可变现净值、现值和公允价值。

六、财务报告变化

旧准则对财务报告的定义表达为"是反映企业财务状况和经营成果的书面文件"；新准则修改为"是企业对外提供的反映企业某一特定日期的财务状况和某一会计期间的经营成果和现金流量等会计信息的文件"。旧准则认为财务报告的组成"包括资产负债表、利润表、财务状况变动表（或者现金流量表）、附表及会计报表附注和财务情况说明书"；新准则修改为"包括会计报表及其附注和其他应当披露的相关信息资料。会计报表至少应包括资产负债表、利润表、现金流量表等报表"。

第二章　现代会计管理的理论

第一节　会计管理的现状

　　科学合理的会计管理体系可以有效促进企业的有序开展，也是提升市场经济稳步发展的前提，针对当前经济的现状，使我国会计管理工作仍存在着一定的问题，想要解决这些问题，就要对其进行控制管理。基于此，文章先对会计管理的意义进行了阐述，然后对其现状进行了分析，并结合会计管理工作中出现的问题，提出了有效的控制措施。

　　随着经济的快速发展，企业获得更多的经济交流机会，同时，也对风险承担的越来越多。在实际进行工作的过程中，由于会计对企业的发展产生直接的影响，因此，对会计管理工作进行优化，有利于提升企业的稳定发展。

一、会计管理的意义

　　一个企业能不能获得长足的发展与会计管理工作息息相关，而合理的会计管理模式能够减少投资成本，增加利润。会计部门定期将会计信息提供给管理者，对企业领导做出决策非常有利。而在企业管理活动中，会计是一项基础工作，它在企业中发挥着极其重要的作用，如果没有引导管理者的高度重视，就会阻碍会计职能的发挥。另外，也会影响到企业的发展。结合会计信息，对企业发展方面进行明确，有利于企业制定切实可行的计划。会计工作在一定程度上影响着企业的发展，因此，要对企业资源进行合理的配置，通过较少的资金，获得更多的利润，使企业占据市场优势。会计工作在企业发展中具有非常重要的意义，所以，管理者要更规范的对会计工作进行管理，并对经营情况进行及时的反映，降低成本，从而提高企业管理水平。

　　我国国有资产流失非常普遍，也呈现出了增加的态势，而在会计管理中，不严格的监督管理是产生这一现象的原因之一。会计管理指的是在经济体制下，对各企业会计事务管理与组织的方式。在经济体制下，会计管理工作要与其发展的需求相适应。从调查分析中可以知道，目前，我国只会计管理与经济体制相适应的调整比例还是比较低的。我国会计管理工作的改革还是比较滞后的，也无法达到新经济体制发展的需求，甚至对经济的进一步发展带来了一定的阻碍，具体情况从以下方面进行分析。首先，在组织方面分析，会计管理主体与所要管理的对象出现了脱离的现状，而且联系的不密切。由于会计管理的主体是财政部门，而管理对象是各级会计工作人员，从归属方面分析，财政部门与从业的会计人员不是同一个主体，因此，出现脱离现状，使得财政部门无法将会计管理的任务进行分布，也无法有效地进行考察。其次，在利益约束方面分析，财政部门与从业的会计工作人员之间也是处于分离的一个现状，财政部门的利益是国家政府层面，而会计工作人员的利益与所从事的企事业单位的经营情况有着一定的关联。据调查分析，会计工作人员在对维护国家利益与所从事单位利益方面，更加倾斜于所服务的单位。这样便会导致偷税、漏税现象的发生，并对国家的利益造成了一定的损害，进而使国有资源出现大量流失的违法行为出现，使国家的宏观会计目标难以实现。最后，由于没有一套完善的会计管理方法，进而导致会计管理工作出现混乱的局面。当前，我国会计从业人员的数量是非常多的，但是，在综合素质方面分析，存在着一定的问题，所以，需要提高会计从业人员的培训及其教育工作，而当前，通过有限的财务对于会计运行和会计工作人员进行管理，所得到的效果是非常差的，并导致管理工作低下，会计信息出现失真、混乱的现象。

二、存在的问题分析

（一）信息出现失真的现象

会计信息的可靠性能够使政府与企业更好的决策，但是，如果会计信息出现了失真、混乱的局面，给国家宏观调控的制定带来一定的误导，并影响到国家的利益，另外，给领导者决策带来了一定的影响，反而为贪污的人带来了一定的可趁机会。

（二）会计管理意识薄弱

大多数领导不重视会计管理工作，会计管理对企业的重要作用也没有充分意识到。在控制机制上，还存在着一定的薄弱现象，有的企业管理混乱，而且没有制定一套切实可行的监督审核程序，进而导致不能真正的落实。有的基层领导为了将任务尽快地完成，往往忽略了会计管理工作。比如，没有对会计科目进行认真核算，导致乱用现象。有的为了获得不当收入，私自建立小账本，对报表弄虚作假，由于会计管理制度的不严格，造成这些现象的出现，还会给经营带来一定的阻碍，影响到企业的有序运行。

（三）会计法规缺乏一定的执法力度

伴随着经济的迅速发展，会计工作变得规范了很多，国家也出台了一系列法规，应对无法可依的会计现状，但是，国家没有出台一套严密的法规，一些关键的细则没有及时制定，因此，对于会计法规的建立已无法跟上会计改革的需求，在会计工作中，缺乏具体的指导细节。而通过研究发现，存在着很多的违法现象，其手段也较为明显，而有的行为通过监管部门监督，是能够避免的。立法不到位，执法不严格，造成了一些不良行为的出现，同时，也影响到国家的利益，也给企业的经济效益造成一定的损失。

（四）监督机制不到位

在会计管理工作中，不管是企业外部还是内部，都会出现一系列的监督问题，在企业内部财务方面的工作大都是员工内审，而人事与薪酬方面是由管理者掌控，所以，内部监督只是形式主义，没有真正发挥出它的作用。而外部监督的注册会计由于在素质、职业道德等方面与实际存在一定的不符，加之恶性竞争现象的存在，使其在报表审计的时候，往往流于形式。

（五）会计人员整体素质有待提升

在我国，由于会计人员整体素质比较低，业务水平也不高，对会计信息掌握的程度不高，极易产生很多错误，也会影响到会计管理制度的推行。有的企业为了降低支出，聘请兼职会计人员，导致企业在决策的时候，缺乏一定的合理性，在核算的过程中，也只是走个过场，以报表应付，进而阻碍了会计工作作用的发挥。

三、会计管理的控制措施

（一）结合信息化形式进行管理

在对会计工作进行管理的时候，设计一个数据库，实现会计信息的网络化管理，通过分类储存的方式，可以有效节约查找、补录等的时间，进而大大提升工作效率，提高了会计工作的质量。

（二）健全企业内部监管体系

在企业内部，要提高内部监督管理的方式，会计工作不仅仅是会计部门的工作，更是企业经济发展的关键，因此，建立一套切实可行的监督管理体系，有利于提升会计管理质量，深化改革。在适当的时候，还可以通过第三方机构的引入，对会计管理工作进行监管，从而达到理想的效果。

（三）监督机制的改革

在会计管理工作中，政府要以适当的立法作为基础，而会计管理以会计团体进行管理的模式，可以把会计事物交由团体进行管理，这样政府就可以专注于立法管理方面，在法律法规方面进行建设，保证其可以有法可依，从而提升政府对会计工作的管理效率。

（四）提供会计从业人员的整体素质

在管理工作中，先以职业道德培训为主，一方面强化培训力度，进而大大提升从业人员的专业水平和综合素养；另外一方面还要对其进行监督，对会计现状进行分析，并全面做好审核管理，发现问题及时整改，从而更好地促进企业会计工作的开展。

（五）会计制度的建立

一套完善的会计制度，可以对会计部门所要承担的责任进行明确，并责任到个人，保障会计管理工作的有序开展。而管理人员要具有责任心，发现问题进行整改。并以《会计法》作为立法依据，与企业内部的制度有机地结合起来，从而实现会计工作的规范化管理。还要与其他管理部门配合，以企业经济发展为目标，对会计制度不断进行优化，从而降低问题的出现，进而推动企业的健康发展。

（六）会计工作人员业务能力的提高

近年来，随着各项技术的发展，会计工作人员的业务能力也要不断提升，才能适应社会发展的需求，企业要不定期对工作人员进行会计业务的培训，并通过引入别的单位的优秀会计人员，对其进行培训，此外，还要鼓励会计工作人员对理论知识与业务能力进行学习，从而更好地为企业的发展做出应有的贡献。

综上所述，随着市场经济的快速发展，在企业管理工作中，会计管理的地位越来重要，企业的管理人员需充分认识到会计管理的意义，针对存在的会计问题，采取切实可行的会计管理控制措施，从而推动企业健康有序的发展。

四、会计管理与社会经济环境的联系

（一）社会经济环境对会计管理的影响

影响会计管理的发展的因素有很多，例如，经济、政治、社会和教育等等。第一，对经济来说，一个国家的会计管理发展与该国家的经济情况有很大的联系，比如，一个是以农业生产为主的国家，一个是以工业生产为主的国家，他们的会计处理方法和关注的侧重点就不相同。第二，国家的政治形式、政策或者思想层面对会计管理也有很大的影响，不论是东方国家还是西方国家，每一个国家都有自己国家的会计管理模式，他们之间都存在着一定的差异。第三，社会的发展情况也是一个不可避免的因素，社会文化、社会风气等都对会计管理产生巨大的社会影响，比如，财务人员的性格是保守型，那么他在做评估时就不能正常的发挥出自己的知识，而将会造成低估资产价值或者高估坏账准备等事件，而这些将会直接影响到作为一名会计准确地判断。第四，接受足够的教育更是对会计管理有很大的关系，一名合格的会计，必须具备将大量数字整合成自己所需要的，并加以自己的表达，随着时代的发展、社会的进步、科技的兴起，社会越来越高的要求会计可以更好地运用会计处理的专业知识，如果会计人员的水平不够，不足以撑起一名会计的职责，那么将会影响会计在社会上的发展。

（二）会计管理对国家经济社会发展的作用

虽然说影响会计管理的发展的因素有很多，但是，我国的发展可以说是日新月异，其中经济的发展最为迅速，毋庸置疑，会计行业在当今社会发挥着越来越重要的作用。对国家来说，会计管理为国家的经济决策提供了重要且准确的会计信息，可以更好地对资源的分配和资源利用率进行判断，促进了国家的供给与需求之间的平衡关系，更加有利于了国家的一直提倡的可持续发展战略。对于企业来说，企业决策者、高管可以依据会计人员为他们所提供的会计信息，及时地判断出最有利于公司发展的方案，来促进企业可以更好地发展，为企业提供了明确的方向。

五、会计管理思想的转变

（一）会计管理动态化思想的产生

现在社会，不断发展的社会经济促使了各企业的结构组织变得逐渐完善，等级也越来越清晰分明，各个部门的职能也变得越来越明确并逐渐分离，但这就更加要求了企业各部门对计算机信息化知识的掌握，这样才可能加快企业中各种信息的传达速率，与此同时，企业也必须得随着社会经济环境的变化而做出相应的应对。会计管理在企业中占着很重要的地位，它是决策者做决策的基础与依据，会计管理人员通过对企业以及现在社会时事的分析，不停地为企业提供数据，建立起会计管理动态化思想。

（二）会计管理整体性思想的改变

面对着经济的持续发展，企业之间的竞争越来越激烈，在这种情况下，企业的整体性作用就凸现出来，现在社会，企业中有很大一部分是以集体化方式运行的，而每个企业集团下都存在着或多或少的子公司，但是，以这种方式经营不可避免会遇到一些问题，譬如子公司与总公司联系过于少，导致总公司不了解子公司实时情况，这就要求了企业在管理上要将思想整体化。会计管理是企业管理的核心，会计管理的好坏直接导致企业未来发展情况的好坏，所以，整体性思想必须要建立在会计管理的基础上，只有这样，才能加强企业内部的沟通联系，减少因为缺乏沟通而带来的经济损失。

六、会计管理的未来发展趋势

随着网络时代的兴起，越来越多的网络企业、虚拟公司等依托于网络平台迅速发展起来，这就对实体企业造成了很大的压力，但是网络企业一般具有临时性，企业的持续时间并不是很长，所以也并不适合像实体企业一样的会计管理模式，另外，现在时代变化非常迅速，这也导致了企业与企业之间的竞争越来越激烈，企业面对层出不穷的问题和竞争对手，需要当断即断的决策力和执行力，这间接造成了会计分期假设的失效。随着我国大数据时代的到来，科学技术的应用深入到各个领域中。我们也要提高自身综合素养和专业水平，会计基本假设的界定有待被重新审视。

七、会计管理发展中未解决的问题

现在社会，会计管理随着时代的变化而不断变化，但还存在着一些问题，会阻碍会计管理的发展，例如，会计软件还未得到充分的开发和利用。企业规模的扩大后，子公司、跨国公司运营而生，但是现有的会计软件还无法满足他们的需要，企业经济的重心也随之职员们知识层面的提高与创新能力的上升发生了变化，这就说明我们必须进行创新改革，将会计管理跟上时代的步伐，适应时代的需求。首先，进一步开发和利用会计软件。其次，建立一个符合知识经济时代特征的会计模式，或是扩大，或是缩小，或是重新组合，使主体有了可变的性质，对其他企业的失误之处，始终秉持"有则改之，无则加勉"的态度，纵观当前的经济市场，无形资产在企业中的地位日益增加，包括版权、专利权、商标权等，都是以知识为基础。最后，我们应该提高会计信息披露的真实性，提高会计信息披露的质量。

会计行业中财务会计管理部门关键的组成部分，也有越来越多的人重视财务会计管理，这就说明，财务会计人员只拥有高能力、高水平是远远不够的，还要随着社会的进步，经济的发展，改变传统的会计管理模式，探索出一条适合现在社会，更加先进，更加国际化的管理模式道路，这样才能为会计行业做出正确引导，是会计行业能更好地为企业、为社会、为国家服务。

第二节　会计管理质量控制

随着国内市场经济的不断完善和发展，企业在面临极大发展机遇的同时也面临着很多的挑战。会计管理作为企业内外调控的重要手段，对企业的财务收入以及人事调动起着举足轻重的作用。而目前会计管理的质量并不高，一旦在某一环节出现问题，必然会对企业产生严重的影响。本节将从如何提高企业会计管理的质量出发，分析其控制策略，以期给企业和社会带来更好的经济效益。

对于企业来说，提高会计管理的质量不仅仅能够提升企业管理的时效性，同时也是保障企业未来可持续发展的重要前提。这是因为会计管理的质量直接关系到企业的盈利等，会计管理如果出现偏差，那么很可能导致企业的资金链受到阻碍。党的十九大对会计管理工作的要求作了进一步规范，然而从目前的情况来看，还是有很多企业在这方面出现了各种问题。

从现今的企业会计管理工作来看，大部分会计管理人士对会计管理工作的认知并不到位，没有真正理解到会计管理的重要性。对于企业而言，会计管理工作对企业的资金和产品流动有着直接的影响。企业通过会计管理能够控制住内部的产品生产及外部运营，从而在市场中获取最大的经济利益。然而部分企业没有真正落实好会计管理工作，过多的将注意力放在了生产工作上，使得会计管理人员缺乏一定的职业素质和管理规范，会计管理的质量日益下降，难以发挥调控作用。与此同时，企业的成本控制及核算工作的开展都离不开会计管理的支撑，会计管理制度的不完善导致企业的生产效率和经济效益受到不约而同的影响。除了对会计管理工作的认识不清外，部分管理者对法律法规的认识不足也是造成相关人士追名逐利而忽视法律法规的重要问题。如果企业及会计管理人员不对这些问题加以认识和处理，那么势必对整个行业和市场经济造成巨大的冲击，影响它们的协调发展。

另外，会计管理质量的下降最大原因是监管制度的缺乏。现今很多企业虽然在内部设置了监管机构，却常常出现监管不严，财务报表造假的情况，这些都是因为会计管理工作并没有得到严密地监控，使得这一系列严重问题发生。

不断完善会计管理制度及规范。明确会计管理质量控制的重要性是实现企业进行会计管理工作转型的重要前提。企业要想提高内部的会计管理质量，首先就要确保本部会计管理工作的制度和规范得到明确的规定和解释，这样才能增大企业与会计管理工作的弹性，以便会计管理与企业生产更快速地结合起来。另外，企业管理人员要利用一切可利用资源扩大信息量，增加会计管理工作的科学性和时效性。对于财务报表，要求透明、完整、真实可靠，要能够显示出与企业财务及其他非财务信息，比如企业内部管理层对会计管理人员的调动及职业培训、企业外部的经营业绩、企业的发展背景等。不管是企业管理层还是会计管理工作人员都要提高对会计管理工作的认知，认识到其对企业发展的重要性。企业管理者要强化对会计管理人员的职业训练，完善相关管理制度，确保会计管理工作的顺利开展，提高会计管理的质量。专业人士还要加强对国家相关法律法规的认识和学习，不断地提高自身的法律意识，在合理合法的条件下进行会计管理工作，这样才能让企业更快地走向市场、走向国际。

建立明确的监督系统及产权制度。企业应建立符合我国国情的会计管理监督系统，这是保证产权，提高会计管理质量的关键。企业管理者要明确自身与市场的经济关系，积极鼓励会计管理人员实现创新管理，自主选择统筹方式和规范组合形式，让会计管理工作在受到国家约束的情况下，使资源配置和管理效率得到最大限度的发挥，从根本上提高会计管理的质量。企业要通过产权制度的规范作用来规避徇私舞弊的行为发生，以提高自身的经济效益。与此同时，企业要引入考核竞争机制，通过业绩考核来约束管理人员，提高他们的职业道德素质，使他们能够自觉维护企业利益，自觉承担起职责，以保证会计管理的真实性。

加强会计管理队伍的建设。要想提高会计管理的质量，那么就必须提高相关工作人员的职业素质。首先，企业要定期给管理人员开展培训会，更多地学习现代会计管理理论和方法，提高会计管理的工作效率。其次，会计管理人员要认真学习国家的法律法规，提高对优惠政策的认识和利用。最后，企业要重视对管理人员的职业道德素质的培养，加强宣传教育，杜绝违法乱纪的问题出现，这样才能让会计管理工作得到更好的发展。

综上所述，企业要想提高会计管理质量的控制效率，就要切实落实会计管理工作的开展进度，加强制度建设，提高管理工作的时效性。企业管理层和会计管理人员要提高对会计管理质量的认知，在内部建立合法的监管体系，开设会计管理的培训大会，提高相关管理人员的职业素质，让企业更好地适应现代化市场经济的发展，扩大经济效益。

第三节　科技革命与会计管理

科技的发展是世界关注的问题，它与我们生活息息相关，科技的进步推动社会的发展，科技的革命也使我们的生活不断发生变化。在市场经济的新时代，对一个企业的经济运作能够起到宏观调控的重要职位就是会计，它在企业的中起到不可或缺的地位。科技革命与会计管理风马牛不相及的两者有什么关系是本节探究的重点。

一、科技革命与会计管理范式创新的含义

科技革命是指科学和技术发生着质的变化，从近现代来看已经出现过 5 次科技革命，每一次科技革命都给人们的生活带来的翻天覆地的变化。而会计是随之经济发展产生的词语，企业的产生和发展都离不开会计职位，随着社会不断地发展原始会计管理必须审时度势，不断创新，来适应经济市场的变化。

提到科技革命与会计管理范式创新我们都不会把这两个词语联系在一起，更不会想到两者之间有什么样的关系，其实两者是有一定联系的。科技革命会促进社会的发展，人们生活水平的提高，与此同时生产资料和劳动力也会有所改变，这样会直接促使经济的飞速发展。社会经济的发展会使企业中的会计职位受到影响，企业中传统的会计管理已经不能适应经济社会的发展，然而会计行业在企业中起到举足轻重的作用，因此只能不断地改进会计管理范式，使它紧跟着时代的步伐。

二、科技革命与会计管理范式创新的发展史

在原始社会时期没有会计这一职务，但据考古学家记载，在原始社会人们为了记录狩猎的数量采取了在绳子上打结的方式，每一次收获猎物就会在绳子上打一个结，大的猎物就打一个大结，小的猎物就打一个小结，用来计算自己的劳动收获。慢慢到了奴隶社会，创设了司会的职务，用来记录和管理国家的钱财、粮食，会计的雏形就是这样产生的。到了秦朝，秦始皇统一了货币，"会计"这一职务有了更细的划分，形成了自上而下的会计机构，负责管理国家财务的保管、收支的称为治粟内史；负责皇室财务的保管、收支的称为少府；负责国家政治、经济的称为御史中丞；负责掌管国家图书、档案的称为侍御史四个职务。一直到了近代社会，才真正出现了"会计"职务，随着科技革命会计管理也在不断的创新，适应市场经济的发展和需求。

三、科技革命推动会计管理范式不断创新

科技革命推动了会计管理范式的不断创新，可以总结为第四次变革：第一次的科技革

命改变了簿记（单纯记账、算账，没有会计的理论支撑）向传统会计的变化；第二次科技革命使传统会计有了一定的变化，逐渐适应社会的发展；第三次科技革命促使会计理论的形成，使会计行业有了理论的支撑；第四次科技革命使我国传统的会计行业慢慢步入国际轨道，与国际市场接轨，会计管理范式国际化。每一次的科技革命都对会计管理行业产生影响，促使会计管理有了质的改变。

会计假设虚拟化。第四次科技革命使我国传统的会计行业与国际市场接轨，会计管理范式国际化。首先表现就会计假设虚拟化，会计管理的范围越来越大，已经无法界定它的管理范围。原始会计管理是对货币、财务等进行直接的实物管理，而现代的信息社会都是虚拟的数字管理，而不是看的找摸得着的实物。会计对企业的管理也不再是进出账的记录，更多的涉及企业并购、管理融资等等环节。

会计程序的创新。原始的会计程序是簿记，会计人员在记账本上记录企业总账、进账、出账等企业日常账务，或者用消费凭证、记账凭证等。这种原始的会计记账程序烦琐，已经逐渐被新的会计程序所代替，现在企业中多是运用数据库的形式，把企业的总账、进账、出账等输入到驱动程序中，这样需要查账时只需要进入数据库，查阅、调出数据即可。需要获得不同的数据，只需要运用相对应的程序，这样的会计程序迎合市场的需要，省时省力、准确高效。

会计确认与计量的创新。传统的会计确认与计量方式是现金制，这种制度与现代经济的发展不相匹配，现金制必须要有交付的过程，有一定的局限性。这时需要制定一种能够及时反映企业盈利和亏损状况的制度，体现企业现在所具有的市场偿付能力和突发情况的应变能力，为使用者提供相对准确客观的企业现况信息，从而帮助管理者做出及时有效的决策。

会计规范的创新。现在的市场经济是全球一体化的，因此我国会计规范也要与国际并轨、与全球统一，形成一种国际通用的会计规范准则。当然这种准则是根据国际会计标准来制定的，不同国家、不同企业也有自身的特点，国际上允许各个国家依据国际准则的基础上制定适合自己的会计规范准则。在这背景下可以确保会计信息更加真实、更加可信，便于理解、查阅。

四、会计管理范式的创新促进科技进一步发展

科技革命与会计管理二者是互相作用的，科技革命使会计管理不断创新，同样会计管理范式创新也反映市场经济状况，会计管理的变化是顺应市场的发展，与市场经济的需求同步的，会计管理的创新能够直接反映出市场经济的发展状况。此外，会计管理范式创新推动科技不断发展。有需求就会有发展，任何科技的变革都是为了满足人们的需求，市场经济在进步，企业也会不断发展来顺应社会，与此同时企业对会计管理就会提出新的需求，这样就需要科技不断变革、推陈出新，因此会计惯例范式创新也推动了科技的发展。

总之，科技革命与会计管理是相辅相成的，科技革命促进了会计假设虚拟化、会计程序的创新、会计确认与计量的创新、会计规范的创新；然而会计管理范式的创新也促进了科学技术的进一步发展。

第四节　企业会计管理监督体制建设

目前有些企业会计管理监督方面经常出现一些问题。这些问题产生的根源是企业在日常经营过程中对经济业务重视程度不够，所以会造成会计监督体制的不完善，从而造成会计监督职能的弱化。针对企业会计管理监督存在的一些问题，本节提出了一些意见与建议，希望可以减轻其弊端，为我国企业会计管理监督的进步贡献一分力量。

会计管理的监督问题，不仅仅是企业改革发展的必要问题，也是其适应市场经济发展的必然要求。加强会计管理的监督，首先能够很有效地控制资金流转，防止舞弊腐败现象的产生，最终促进企业内部监督控制机制的全面建立。随着我国改革开放进程的不断深入，会计行业也发生了很大的变化，要想真实有效的记录会计信息，就必须建立一套完善的监督管理体系。

一、企业会计管理监督体制存在的问题

家族式管理模式。在一些企业中，股权呈现高度集中的特点。并且，通过分析我国的企业可知，其中相当部分比例的企业是民营性质的企业。在这些企业中，家族企业比例很大。企业的所有权、经营权和监督权三权合一固然有其优势，比如，中小企业在初始创业阶段的效率高，能够做到快速反应。但是，随着企业规模的逐渐增大，企业越来越需要引进更多的人才。但是，对于家族企业而言，非家族成员进入企业管理层，很难与家族成员获得同岗同酬的待遇，这样就会导致不公平的竞争，不利于企业会计管理人才的培养。

纪律执行不严密。由于没有严格的规章纪律要求，很多会计从业人员会利用手中的权力进行弄虚作假，不仅使企业的工作开展变得极为混乱，还会产生严重的经济损失。一些违法乱纪的行为如果任由其发展，不仅使企业经济不断损失，更严重的是还会对社会秩序造成强烈的冲击。

会计人员意识薄弱。部分企业的会计工作人员在陈旧错误的观念影响下，对于企业会计管理监督缺乏重视。这种意识是严重缺乏职业素养和法律意识的。会计职业最大的要求就是真实和严密，这两个要求遭到破坏就会带来很严重的问题和后果。甚至，一些工作人员无法抵制诱惑，出现的徇私舞弊的行为已经跨越了法律的底线，严重扰乱企业会计工作的进行。

预算控制力度不强。对于科研项目来说，在合理范围内进行科学缜密的项目经费预算

和保证项目经费的落实是至关重要的。但是，目前很多企业既做不到合理的预算和控制，在落实情况上也无法及时完成。这些情况的发生根源就在于没有建立一套完善的项目经费审查监督制度，只有制度完善，才会使得这一项工作真正的落到实处。

会计管理监督体制不健全。企业内部存在的监督管理方面的问题，其根本点是因为尚未确立一套完善的规章制度。如同法律一般，会计的监督管理需要合理合法，并以强大有效的制度为支撑，只有做好这一点，会计监督管理工作才能有条不紊地进行，同时才能确保整个过程中执法的合理与监管的全面。

二、建设会计管理监督体制的措施

完善会计监督立法。加快立法来保障会计管理监督体制的完善是根本的、必要的。首先，要明确企业会计管理监督部门在整个监督管理体系中的主体地位，这是毋庸置疑的。同时，在立法的时候，应当充分结合我国目前经济发展的阶段和特点，以及我国自身的国情，切实制定符合我国发展规律的、完善的、详细的法律制度，同时配套完善的执行体系，确保监督工作不再是纸上谈兵，而是落到实处。在法律的支撑下，企业会计监督管理体系可以自主有序地进行，保障会计工作人员依法行使监督权。可以采用如下措施：进行举报监督，提供安全的举报途径，对举报人进行奖励，促进监督人员的工作热情和激情。

增强会计人员责任意识：

加强对企业负责人的教育管理。企业负责人是该企业会计行为最直接的责任人。因此，其对于会计工作的监督管理是在进行负责人考核时必须包括的一个项目。只有负责人充分重视，才能使得监督管理工作最大程度、最高效率的展开。同时，必须针对企业负责人进行与会计知识相关的系列培训，只有了解该行业的具体实情才能对症下药，有效合理的监管。此外，针对从业人员道德素养、职业涵养的培训也是必不可少的。要让工作人员工作时有崇高的使命感和坚定的法律观，从而处理好各种利益关系，不做出违法犯罪的事情。

提高企业会计人员的门槛，加强对会计人员的考核。每个企业，在制定岗位基本规章制度时，应该充分结合企业自身的实际情况，明确该企业从业人员所需遵守的基本准则。在根本上提高企业会计人员的责任感和归属感，提高他们的工作积极性。此外，会计行业的从业人员必须不断更新自身的知识，增强自身的能力，企业应当大力支持会计从业人员的继续教育和专业深造，不断提高他们的专业能力。最后，必须将考核与绩效挂钩，考核不合格的人员要在限期内做出改正，进一步提高对自身的要求。

健全企业会计管理监督体制建设：

解除人员之间的利益联系。在企业中，会计行业的工作总是会与各种因素相关，或者是受到企业自身和领导的影响，大幅度削弱了会计工作的监督管理。在这种情况下，最好的办法就是将领导人员从企业利益之中解除，保证会计工作的独立进行。在进行人员的任免调动过程中，应当充分考量被任命人员和当地负责人之间的利益关系，也就是说要解除人员之间的利益联系。

健全内部会计管理监督制度。企业内部会计监管制度的建立，必须充分贯彻落实不相容职务的分离。要使得从事经济活动中的各个人员之间没有相互的联系，同时，彼此之间存在制约，这样可以在一定程度上减少违法犯罪行为的产生。尤其是对于重大经济活动的决策、实施要实现整个过程严格的监督和不同程序之间的制约。要制定完善的内部检查控制制度，明确财产清查的范围，同时配套合理完善的规范体系。所有的规章制度都要保证切实落到实处，而不是一纸空谈，在目前新的电算化普及之后，要在最短的时间内根据新的环境对监管体系做出改变，加强会计质量和信息的监管。

监督项目经费预算。第一，针对每一个项目，都要进行严格的成本核算以及预算审查，确保预算控制在合理的范围之内。第二，科研经费的使用一定要严格明确其花费途径，对于不合理不明确的支出要进行及时的整治和总经费的调整。第三，经过前期严格审查之后，也不能放松实际使用过程的监管，必须使得监管落实到经济活动的全过程。第四，建立审批制度，严查报账的合理合格与真实性。对于出现的虚假乱报现象进行严格的查处与惩办。总之，最重要的一点就是所有规章制度能否落到实处，因此，如何保障监督管理体系有效、及时的实施是很重要的。

健全管理监督体制。在某些方面，会计人员从事的经济活动易受到上级领导的影响。但是，这种现象往往会导致很多腐败犯法的事情产生。因此，如何能够保证会计从业人员工作的独立自主性，是会计监管制度在制定的过程中一个很重要的考虑点。只有保证会计工作职能的发挥，才能避免违法乱纪现象的产生。对于企业领导人员和会计从业人员之间利益关系的平衡监督以及管理，是关乎企业建设的重要方面。除了企业内部需严格监督管理体系的建设，还可以通过人员任命和本企业分离的措施，这能在一定程度上断绝领导人物和会计人员之间的利益关系。此外，还应该使得会计工作人员之间存在相辅相成但是又相互制约的关系。避免大规模会计舞弊违法现象。最后，要保证工作体系和监督体系的透明化，明确企业的财产范围，简化监督管理复杂度，要用最短的时间发挥企业会计监督管理体系最大的作用。

加强综合监督执行力度：

加大综合监督力，不断提高相关部门综合监督的能力和水平。在具体的会计管理监督中，《会计基础工作规范》应当作为监管过程最基本的指导，同时依据各个企业自身的实际特点和工作情况找出自身存在的不足和监管盲区，查漏补缺，对症下药。这样才能做到整个监督体系的不断完善和效率的不断提高。对于在工作过程中尽忠职守、恪守规矩的职工应当建立表彰奖励制度，而对于非法乱纪的人员应当严格处罚。

在执法行为中，应加大力度，审计、财政、税务三部门合理分工审计监督。在企业的预算执行、计划完成以及财务收支等方面应该进行严格的监管，财务监督时应当以本单位的会计信息质量为主进行严格的核查。财务职能部门作为整个工作体系的核心，应当主动承担起部门内部的监督管理。每个企业部门的会计信息汇总起来将会对社会的经济秩序产生深刻巨大的影响。同时，税务监督也是对企业部门产生监督的主要手段之一，主要核查的是纳税人依法纳税的情况。

随着社会的不断进步和发展，我国企业在会计工作中存在的诸多问题得到了一定的改善，但同时，也面临着更大的问题与挑战。因此，我们必须在这个问题上引起足够的重视，才能使会计活动的开展紧跟目前时代的需求，更好地为国家经济建设服务。同时，监管体系也要不断地与时俱进，更好地为会计活动服务，从而推动企业的快速发展。

第三章　现代会计管理体制

第一节　会计管理体制及其模式

一、会计管理体制的含义和内容

会计管理体制是指参与经济运动，参与经济活动，在会计活动中实施操纵，支配，限制并制定出相关体系的操作规定和机制的部署，还包括根据这个所拟定的相关一个体系的会计标准。

会计管理体制的内容概括来讲就是各级会计工作管制机构和下级会计核算组织相沟通并决定相互在会计工作管理中的立场和角度的责任和隶属关系。

首先，各级财政部门分级统一管理本地区的会计工作；各级业务主管部门以及基层单位在受上级或同级财政部门主管部门的指挥领导过程中，在统一遵守国家会计法律法规制度的前提下，有权根据本部门、本单位实际情况灵活组织会计事物和处理会计工作的权利。其次，会计准则、会计制度在我国的制定权限，会计准则以及统一的行业会计制度的制定权，它们在我国财政部、各地区、各部门可在上述范围内来制定本地区、本部门的会计制度或补充规定，并且报告给财政部备案。各单位也可以在遵守会计准则、行业统一会计制度和地区或部门会计制度的前提下，来制定本单位的会计制度。最后，会计人员管理制度在我国，会计人员的业务管理主要由财政部门负责，会计人员的人事管理主要由业务部门负责。

二、会计管理体制的作用

有利于加强企业内部控制。会计管理体制对单位自身的会计工作控制有着关键的影响，会计管理体制的完善可以巩固企业自身控制，较科学的掌握和筹划企业的会计工作，带动企业迅猛成长，是单位的经济步入一个崭新的台阶，由此来看，一个规范、有效、科学的会计管理体制度对一个单位不可或缺的。会计管理体制能够保证企业会计信息的精准和可信赖度，全方位控制企业的经济活动，提高投资者对企业的约束和掌握的能力。企业要想巩固自身的会计管理体制的发展，全面的把握企业会计管理的约束力，并迅速扩大企业的经济发展，就必须从根源上控制经济活动，彻底的遏制会计违法违规现象，把企业的违规罚款削减到最低，大大减少企业不必要的经营成本。

有利于国家宏观调控。会计信息是我国会计管理体制的重要组成部分。国家为了更为有效地进行宏观调控，必然要求会计所提供的信息能满足国家宏观调控的需要，国家对会计活动进行干预也就成为一种必然。与之相对的，必须要在满足可以推动和指引经济轰动的发生和从广义上发展经济的方向为目标去指定企业会计准则。会计准则拟定者的这一认为，加快了把会计准则的拟定转变成为政治经济学范畴的一部分，这同时也展现出关于国家从广义上统筹经济运动的关键部分。

有利于协调企业利益关系。企业的会计信息反映了企业一定时期的财务状况和经营成果，这些财务状况和经营成果体现了一定的经济利益关系。在企业会计信息中对于经营成果的表现，不仅包括企业向国家税收机关交付的税款总额，还应包含企业向所有者和债权人支付的利润或利息，还应表现为企业能否按时支付所欠债务。会计管理体制的对企业的经济发展有着巨大的影响，它可以从根源避免企业利益主体人与企业之间的账务或资金的冲突，确保企业的经济活动全面正常运作，还会确保企业的会计行为有效、合法，从而加强对企业会计工作的管理和制约，确保企业经济主体在完全正常的条件下实施和健康发展，从而全面协调企业的各种经济关系。

三、会计管理体制存在的问题

会计内部建设和会计监督机制不健全。因为对于一个单位来说，单位经营者可以控制着整个企业自身的会计监管人员的调转、离职以及薪酬等这些严重影响到有关于私人的实际权力，单位经营者往往为了应付有关部门的检查，不惜扭曲事实，已经失去了会计信息应有的公正性，企业也随即出现滋长了大量的贪污腐败现象。因为企业会计管理者及会计人员权力形同虚设，毫无威信力可言，加上会计基础工作薄弱，会计监督能力薄弱，单位财经纪律杂乱，会计管理能力差，单位自身约束力和管理能力薄弱，同时社会监督和政府监督体系不严肃，结果导致单位会计出现违法违纪的现象比比皆是，会计信息造价事件频发，对我国正常的社会财经管理纪律造成恶劣影响，同时给经济的进步带来极坏的负面影响。

管理人员不重视会计管理制度。在现行的会计管理体制中，单位负责人员容易看轻会计管理体制的规则，不注意会计管理体制的确立和修正，使得会计管理体制更多的成了样子、形态。当前我国一些企业的管理领导者单纯片面的把实施会计管理工作认为是对企业人力资源和物力资源造成不必要虚耗，因为当单位经营操作时忽视会计管理制度的执行，给会计管理制度造成恶劣的推行情况，更过分的还会把会计管理体制当成针对监督机构检查的一项手段。由于某些单位经营者思维意识比较落后，对当今会计管理情况认知匮乏，没有产生科学合理的经营思想，也没有把会计管理的实施变成单位高效率经营的主要事件，因此也就无法认识到会计管理体制对于一个企业的关键性。对于会计管理体制缺乏应有的全面认识和仔细了解，也没有深究对于会计管理体制的一些理论研究，这些都将影响到会计管理体制的确立和修正，导致会计管理体制表现不出它在企业经营中存在的价值，形同虚设，严重影响到一个企业的发展。

会计人员法律意识淡薄。在企业中，财会部门是一个很重要的部门，但是在我国屡屡出现了会计管理失控的现象。究其原因，虽然我国陆续颁发了《公司法》《会计法》《注册会计师法》等相关法令条款，但是因为一些单位负责人比较缺乏对这些会计规章的了解，结果许多不发事件仍然不断涌现，造成了许多单位会计工作人员出现了有法不依，执法不严的情况。这样的会计工作人员势必会对企业的发展造成不小的负面影响，进而影响整个的市场的经济。我国有关财政部门、审计机构、税收机构、金融机构等其他相关机构均多多少少的负责些关于单位会计工作人员以及注册会计师进行监督和约束的责任，但是有些彼此推卸责任，悉究本末的周密、完整的经营方法与当今市场经济的进步的理念相违背，实施效果并不明显。

会计管理体制现状包括企业的会计管理体制现状和机构的会计管理体制现状，它们是我国会计管理体制整体现状的主要外在表现，同时会计管理体制及模式中依然存在一定的不足，主要包括企业会计管理机制效用欠缺、企业会计管理体制与行政管理规范欠缺标准性。因此，针对优化会计管理体制及其模式的措施探讨值得会计从业人员深入思考。

伴随经济社会的持续变迁和社会主义市场经济环境的持续优化，会计管理体制对一国经济活动的反映、监督和控制作用正在发生变化，包括会计管理体制存在僵化可能性、会计管理体制无法适应国际经济环境等等，使得会计管理体制不得不需要及时的升级和换代。因此，针对会计管理体制及模式的优化分析是具备前瞻性和必要性的。

（一）企业会计管理体制现状

由于企业组织制度及经营规模的差异，不同企业会计管理体制现状不尽相同，但是普遍特征依然存在。一是会计监督方法的选择不当。由于个别企业的会计管理体制过于简单，企业通常不会科学选择配套的会计监督机制，比如会计监督部门不健全、会计监督流程的实质性不强等不足，使得企业的会计活动难以受到有力的监督和独立控制。二是会计管理体制的变革机制有待完善。由于企业对会计管理成本的考虑，不少企业基本不考虑会计管理制度及模式的持续改进和完善机制，使得企业会计活动的效率提升过程存在难度，也就是说，如果企业会计管理体制无法及时的引入新技术、先进管理模式的核心内容，企业就无法充分的改进内部治理结构、优化会计活动分工，最终影响到企业综合管理水平的提升。

（二）机构的会计管理体制现状

作为社会主义市场经济活动的重要风向标，政府机构以及专业机构的会计管理体制对企业会计管理体制形成一定程度的引导作用，具体而言，这包括两方面内容：一方面，是行政事业单位的会计管理体制现状。由于《政府会计制度》的持续完善和深化执行，行政事业单位的会计管理活动具备明显的模范导向和科学目标，包括财务会计和预算会计并行的会计核算体系，同时也包括收付实现制与权责发生制的转化和升级，使得各级行政事业单位的会计活动更为合法、合规和高效，最终有助于财政资金使用效益、单位公共服务供给质量的稳步提升。另一方面，是以非行政事业单位性质专业机构为主的会计管理体制现状。由于财政部、总会计师协会、会计学会、注册会计师协会对国家会计规范制度及立法的影响巨大，我国会计管理体制现状主要体现为"统一领导、分级管理"的层级分布，也就是说，各级会计人员、各类资质的会计管理人员受到专业机构的影响和监管，包括资格考试、资格认定及评估和会计职称评审等活动受到专业机构和协会的管理和监督，从而保证会计人员的从业合规性和合法性，因此，我国基于会计专业监管机构或协会的会计管理体制基本完善。

（三）会计管理体制及模式中存在的不足

由于我国市场经济与全球经济接轨程度不断加深，加上改革开放具体政策的不断深化落实，目前会计管理体制及模式中依然存在一定的不足，具体而言，主要体现为两方面内容：一是企业会计管理机制的效用欠缺。由于企业制度章程、会计法律法规的执行懈怠，企业会计管理制度要求的会计核算流程、授权原则等机制难以发挥改善企业经营管理的作用，甚至出现企业会计人员刻意违规的现象，从而影响企业会计管理机制的健康运转。二是企业会计管理体制与行政管理规范欠缺标准性。由于众多企业的国有性质较强，其会计管理体制需要与行政管理规范同时执行和应用，同时二者的优先级确定并无标准流程，使得个别经济事件的核算监督受制于多方面因素，导致因权限不足、权力越位出现的监督困境现象偶尔发生。

四、优化和改进会计管理体制的可行措施

（一）明确认识企业会计管理体制的创新方向

为确保会计管理体制的合理化趋势增强，会计从业人员及监管人员都需要明确认识到未来会计管理体制的创新方向，从而保证自身专业技能和认识水平能够与时俱进，最终有助于我国企业会计管理体制的持续优化。一是企业会计管理体制对市场经济需求的适应。由于社会主义市场经济制度及法律的持续完善，同时现阶段的社会主要矛盾发生变化，市场经济中的新产业、新技术活动需要会计管理体制来衡量价值、反映社会现状，因而会计管理体制也就需要更新底层理论和技术支持，从而保证会计管理机制的更新换代。比如，引入大数据技术形成创新的会计监督机制。二是企业会计管理体制的独立性趋势更强。如若会计管理和监督活动不再受制于机构运转效率、政治性影响，那么就称为会计管理体制是独立于市场价值交换的，从而保证会计活动、会计监管活动具备充分的可靠性和合规性。三是企业会计管理体制的社会性质转变。由于企业会计管理体制需要协调企业主体的经济权力和责任，加上会计管理机制的社会责任更强，企业会计管理体制需要不仅对社会负责，

同时也对非企业经济主体负责，以维持健康的经济社会秩序。四是企业会计管理体制的全球化趋势不会削减。这需要企业会计管理体制逐步的探讨和比对与国际优秀规范的差距和不足，通过对会计管理规范的国际板块内容进行持续更新，以便于我国企业会计管理体制的全球化趋势更强。

（二）持续完善会计监管机制及其体系

要确保会计管理体制科学性持续增强，就需要持续完善针对企业的会计监管机制及其体系。一方面，需要持续完善企业内部的会计监督机制。这需要企业不仅保证会计人员具备相应的内部监督部门，同时对会计人员的会计活动进行留底式的记录和监督，包括背书留底、报表编撰责任人记录、资金审批记录等等，另外，还可以运用内控管理工具加强会计活动的权责控制和监督，以保证企业内部会计活动的全面强力监督。另一方面，需要拓宽来自企业内外的会计信息监督途径。这需要企业不仅从自身内部设计会计信息监督机制，同时持续的拓展来自企业外部经济主体的会计监督信息机制，包括聘请独立专业评估机构、参与企业会计的专业协会、采用透明化程序化的信息披露方法等等，以保证企业会计信息的可靠性足够强，最终充分发挥会计管理体制的真实职能。

（三）完善构建适合多种经济主体的会计管理体制

由于会计管理模式不仅是对企业活动的反映和控制，同时也是对社会多种经济主体活动的监督和反映，优化会计管理体制就需要构建适合多种经济主体的会计管理模式。一是持续优化非企业主体的会计管理体制。尽管企业会计管理模式对我国会计管理体制形成主要影响，但是非企业主体的会计管理体制同样需要持续的改进，包括政府机构、公益机构、社会团体以及行政事业单位等一系列具备经济活动能力的非企业单位，它们的会计管理制度也需要持续改进或完善，从而保证我国会计管理体制的普适性和系统性，以发挥出会计活动对国民经济现状的充分反映和监督。二是健全多种经济主体下的会计管理革新机制。这需要会计行业的资深学者引领成立创新研讨学会、调研委员会等社会团体，对国有企业、民营企业等多种性质企业和行政事业单位、公益单位等非企业性质单位的会计管理机制进行研究和创新探索，最终保证会计管理体制对经济社会的充分适应。

会计管理体制对企业主体、非企业经济主体的经济活动发挥有力的监督和反映职能，但是如若社会经济的发展速度超越体制优化速度，那么多种经济主体下的会计管理模式将会难以发挥真实效用，因此，会计从业人员需要持续探索改进会计管理体制的可行措施，包括明确认识企业会计管理体制的创新方向、持续完善会计监管机制及其体系等。

五、探析新经济环境下企业会计管理体制改革的具体策略

（一）树立现代化会计管理理念

综合来看会计管理体制的改革，并非仅仅将原有管理思想及管理理念进行转变，更是

将现代化理念作为依据，系统分析、设计以及决策会计管理的整个过程。当前处于高速发展的新经济形态背景下，企业应跳出传统会计管理理念的束缚，对全新的且符合当前新经济发展态势的良性管理理念进行树立，并将此种全新的管理理念作为直接依据做出会计管理的决策。只有将科学高效及现代化的会计管理理念作为企业会计改革的原则，才能保证企业会计管理和企业长远发展目标二者之间的有效融合，进而借助会计管理促进企业战略目标的实施。所以，企业会计管理的相关工作人员以及职能部门需要将企业的实际状况作为依据，对全新的符合新经济发展趋势的会计管理模式进行积极探索，进而提升管理的现代化水平，拓展企业会计管理体制改革与发展的深度。

（二）创新会计管理监控制度

会计管理监控制度创新目标的实现是对会计管理持久作用相关制度的直接保障，更是企业会计管理体制创新工作的重中之重。企业统筹企业当前会计管理监控制度的现状，总结不够完善的部分，并将其作为直接依据对制度体系进行进一步规范，从而使全新的管理制度得以构建，实现制度化人员管理和资金管理的目标。第一，企业需要将相应的约束和控制条例在制度中进行明确，进而保证会计工作的规范性。第二，需要对企业各个部门单位的内部控制管理力度不断提升，并持续完善会计监控体系，将内控机制的作用最大限度发挥，进而使得会计管理工作的实用性得到切实提升，杜绝不规范会计行为的发生，进而使得会计管理工作质量水平得到提高。

（三）强化会计管理队伍建设，提升管理人员综合素养

随着新经济时代的不断发展，对会计管理工作的要求越来越高，相应的对企业会计管理工作者的工作能力也提出了新的要求。企业要提升经济环境对会计管理工作各类影响的重视程度，不断强化会计管理队伍的建设力度和培养力度，进而对管理人员的业务能力和管理能力进行提升。首先，企业要对会计管理队伍人员的招聘和选拔提高重视，综合考量企业会计管理工作的实际需求并将其作为人才招聘和选拔的直接依据，将企业长久发展目标作为会计管理人员招聘和选拔的原则，进而对满足企业会计管理工作需求的会计管理队伍进行构建。同时可结合企业会计管理工作现状对人才培育机制进行建立，在企业会计职能部门内部进行具有管理能力人员的选拔，提供针对性的学习平台和培训机会，进而为企业培养更多高素质的会计管理人员。其次，需要对会计管理队伍相关工作人员的职业精神进行培养和提升，借助思想教育活动对其时代认识进行强化，使其可将时代发展趋势、经济发展现状以及企业实际状况进行有机结合，并将其自身工作的岗位性质作为出发点，展开创造性的管理工作，使得会计管理工作的效率和质量不断得到提高，进而推动企业会计管理体制改革的有序进行。

（四）细化对应的会计管理条例和细则

创新体制有利于单位部门自主性的强化和提升，而管理体制的创新有利于推动企业会计部门会计工作有效性的提升，进而使得会计管理工作可以更加高效的进行。所以说处于

当前新经济环境下，企业会计部分需要不断优化创新自身会计机制，进而推动会计管理体制的改革工作。将《会计法》《企业会计制度》作为条例和细则的直接依据，进而确保会计工作制度的合理性及合法性。需要注意的是改革工作推进过程中应将部分的实际状况作为根本依据，对其进行深入调查后对全局观念进行树立，强化企业会计部门的超前意识，在日常工作中贯彻企业发展观，对企业现有的各类会计管理条例及细则进行细化和改革，并将其作为会计管理人员日常工作推进的直接依据，进而在对企业会计管理体制不断规范的同时促进其改革。

综合上述所言，企业处于当前新经济环境的激烈竞争下，要想在激烈的市场竞争中占有一席之地并获取长久的发展，必须对会计管理体制进行创新和改革，以适应当前社会发展的整体趋势，并且对企业发展过程中会计管理工作不断提升的需求进行满足。企业管理层要对会计管理体制改革的重要性和迫切性有明确的认识，并将新经济背景于企业会计管理的影响作为直接依据，然后结合企业发展过程中会计管理工作的实际需求和特点对会计管理体制进行优化和改革，进而达成会计管理环境不断优化、会计行为规范性提升的目的，会计管理工作的效率和质量均得到有效提升，有利于企业良好有序的发展。

第二节　会计管理体制的形成和曲折

我国的会计管理体制，是和财政、财务管理体制紧密相关的。新中国成立初期，为克服国民经济极度混乱和困难的局面，我国在经济战线上开展了统一国家财经，争取国家财政经济状况根本好转的斗争。在统一国家财政收支和统一经济管理中，形成了我国以高度集中统一为主要特征，按行政隶属关系实行适度分级管理的财政、财务管理体制。会计工作作为财政经济工作的基础和重要组成部分，其管理体制也相应地逐步形成。

我国的会计管理体制，在改革开放以前的长时期中，主要是通过会计制度拟定、实施和决算报表的编、审来体现的。

一、预算会计制度的统一和预算会计管理体制的形成

为统一国家财政收支，1950年3月，政务院公布了《中央金库条例》。随后，财政部制发了《中央金库条例施行细则（草案）》，首次对金库会计制度做出了原则性规定。统一金库会计制度是我国统一预算会计制度的开始。

1950年12月，财政部制发了适用于各级财政机关的《各级人民政府暂行总预算会计制度》和适用于各级各类行政事业单位的《各级人民政府暂行单位预算会计制度》，并从1951年开始施行。这两项预算会计制度的颁布实施，不仅实现了我国预算会计制度的统一，而且规定了"统一领导，分级管理"的预算会计的分级组织体系。《各级人民政府暂

行总预算会计制度》规定："各级人民政府总会计的分级是，中央总会计，大行政区或自治区总会计，省（市）总会计，在专员公署财政科不设总会计，但可视工作需要由省委托代理总会计。各级人民政府之总会计，在业务处理及制度实施上应受上级总会计之指导与监督。"《各级人民政府暂行单位预算会计制度》规定的单位预算级次是："凡与总会计直接发生领报关系的机关，其会计为一级单位会计；凡与一级单位会计直接发生领报关系的机关，其会计为二级单位会计；凡与二级单位会计发生直接领报关系的机关，其会计为三级单位会计……"，"各级单位会计在业务处理及制度实施上应受各该上级单位会计之监督与指导。上级单位会计应受各该级人民政府总会计之监督与指导"。

1951 年 7 月，我国第一个《预算决算暂行条例》由中央人民政府政务院正式发布，对预算、决算的分类；组成体系；预算的编制及核定；预算的执行；决算的编造及审定等做出了具体的规定，《条例》不仅规定了我国基本的财政管理体制，而且也将我国会计制度规范的预算会计管理体制用国家的行政法规肯定了下来。同时，《条例》还规定："各级企业主管部门，应将所属企业机构之预算拨款、预算缴款部分，报经同级财政机关分别列入各该级总预算、总决算。""前项预算拨款、预算缴款，应根据各企业机构年度财务收支计划，及年终决算编报数额，分别编列之。"这一规定实质上把企业财务收支纳入了国家预算、决算体系，从而也为企业会计管理体制的形成提出了基本原则。

各级总会计和单位预算会计的职责权限，根据《预算决算暂行条例》和两项会计制度的规定，可归纳为：

1. 各上一级总会计和单位会计在业务处理和制度实施上对其所属下级进行监督和指导。这里所称业务和制度，实际上包括财政、财务、会计业务和制度；

2. 各上一级总会计和单位会计对其下一级编报或汇总的会计报表进行审核、汇编，如发现编报机关之决算有错误、遗漏或重复等情况，应更正数字汇编，并通知原编报机关。如发现有匿报、伪造或违法之收支，除更正数字外，并应依法处理。

3. 必要时对下级会计主管人员变更办理会计交接时进行监交。

二、企业会计制度的统一和企业会计管理体制的形成

统一国有企业的会计制度和会计工作管理是统一企业管理的基础，对此，新中国成立伊始，中央政府就给予高度的重视。1950 年 3 月政务院财政经济委员会发出《关于草拟统一的会计制度的调令》以后，即开始了企业统一会计制度的草拟工作，并陆续印发并经财政部审查核定，由重工、轻工、纺织、铁道等部门拟定的本部门所属企业和经济机构的会计制度草案，1951 年，财政部门开始统一拟定各主要行业的统一会计制度。

1952 年 1 月，政务院财政经济委员会发布了《国有企业决算报告编送暂行办法》。《办法》虽然主要是对企业决算报送问题的规定，但根据《预算决算暂行条例》有关规定制定的这个《办法》，实质上体现了我国企业会计管理体制的雏形。

按《暂行条例》规定，各级企业主管部门根据所属企业财务收支计划和年度决算汇编的预算拨款和缴款是各级总预算的组成部分。从而明确各级总会计（即各级财政部门）为各级企业财务会计工作的管理部门。

《办法》规定，基层企业的月份计算报告、季度的结算报告和年度的决算报告，按隶属系统报主管企业机构或主管企业部门；各级企业主管机构对所属企业上报的决算报告，应逐级审核、批复、汇编、加注审核意见，转报主管企业部门及其同级财政部门，主管企业部门对于所属主管企业机构及直属各基层企业上报的决算报告，应予审核、批复、汇编、加注审核意见，送同级财政经济委员会及财政机关。这些规定包含两层含义：其一，按隶属关系，企业主管部门与企业主管机构之间（即上下级企业主管部门）以及企业主管部门（企业主管机构）与企业之间在会计管理体制上属于上下级的关系；其二，财政部门与同级企业主管部门（或机构）之间在会计管理体制上属于管理与被管理的关系。

在企业内部，《办法》体现了企业行政领导对本企业会计工作负领导责任的要求。

根据《条例》和《办法》的规定，各级财政部门和各级企业主管部门、企业主管机构在会计管理方面的职责权限，可以归纳如下：

与预算会计管理体制相同，各级财政部门和企业主管部门（机构）对其所辖和所属企业的财务会计工作在业务处理和制度实施上进行监督和指导。

财政机关审核主管企业部门报送企业决算报告，在"审核决算报告时，得向主管企业部门或通过主管企业部门向主管企业机构、基层企业查阅账册，调取证件报表及其他有关资料"。财政机关对审核的决算报告提出书面意见，"财政机关与主管企业部门对于审核决算报告的意见不能一致时，应由各级财政机关分别提请政务院或大行政区（中央直属自治区）人民政府（军政委员会）解决之"。

主管企业机构及主管企业部门审核批复所属企业的决算报告，并汇编上报。"审核所属上报的决算报告时，如发现错误，应予查明更正，……改进意见应在财务情况说明书内叙述"。

对会计制度的制定权限作了相应规定。例如，《暂行办法》规定：省市以下所属公营企业决算报告的编造、报送及审核办法，由各大行政区（中央直属自治区）人民政府财政部比照本办法规定拟定，报中央人民政府财政部批准施行。《暂行办法》还规定："会计报表的格式及所列的项目，除中央人民政府财政部已有统一规定者外，应由主管企业部门于统一会计制度内规定之。属于成本报表者，由中央人民政府财政部统一规定。"

这一时期，在会计管理工作的范围内，曾对加强会计队伍管理有过讨论研究，如在财政部主持召开的第一次全国企业财务管理及会计会议上，曾经讨论过《会计主管人员职务、权利、责任暂行条例（草案）》，因种种原因，这一条例未能公布施行。关于会计管理机构的设置，在财政部门，除财政部设有专司会计制度设计、制定的会计制度司外，日常财务会计工作的管理是由各级财政部门设立的业务司（处、股）分别执行的。在各级企业和行政事业单位一般也设有财务会计机构或专职会计人员。

回顾历史，可以看出，建国初期，适应我国政治体制、经济体制的需要，我国会计管理体制的基本框架是中央财政部统一管理全国的会计工作；大行政区（后撤销这一级建制）、省、市等各级政府财政部门管理本地区的会计工作；各级企业事业主管部门管理本系统、本部门的会计工作；各基层企业事业单位的行政领导管理本企业、本单位的会计工作。这一基本框架虽在"大跃进"中遭挫折，在"文化大革命"中受到严重干扰和破坏，甚至财政部的会计制度司也无令而亡，但总体来说，全国的会计工作仍在按该体制运行，而且成为以后会计管理体制改革和完善的起点。

第三节　会计管理体制的恢复、健全和发展

我国国民经济及社会生活的各个方面的发展进入了一个新时期，会计工作也迎来了前所未有的崭新局面。遭到破坏的会计管理运行机制也得以恢复，并随着政治、经济体制改革的深入而发展和完善。

一、《会计人员职权条例》的修订和颁布

为了迅速恢复会计工作秩序，明确会计人员的职责、地位、工作权限等，以充分调动广大会计人员工作的积极性，财政部在总结 1963 年颁布的《会计人员职权试行条例》实施经验的基础上，作了修订，提请国务院审议，新的《会计人员职权条例》很快经国务院审议通过，并于 1978 年 9 月 12 日颁布实施。《条例》除对原试行条例的 5 章作了适当修改外，增加了"总会计师"和"技术职称"两章。《条例》中对会计机构的设置、会计人员的职权等作了明确的规定。

《条例》的发布实施，对会计工作的全面整顿和恢复发挥了积极的保证和推动作用，其中有关会计机构、会计人员的规定，尤其是对总会计师、会计技术职称的明确规定，不仅极大地调动了广大会计人员的工作热情和积极性，而且对恢复和逐步完善我国的会计管理体制具有十分重要的作用。

二、财政部会计制度司的恢复

为了加强对会计工作的领导，报经国务院批准，财政部于 1979 年 1 月恢复了会计管理制度的职能机构——会计制度司；1982 年，在国家机关机构改革中，适应会计工作发展的需要，会计制度司更名为会计事务管理司。其职责主要包括：

主管全国会计工作，了解、检查会计工作情况，总结交流会计工作经验，研究拟定改进会计的措施。

制定和组织贯彻实施各项全国性的会计法令、规章制度，检查各地区各部门拟定的会

计制度办法。

制订全国会计人员培训计划，推动和协助各地区、各部门进行会计人员培训工作。管理全国会计干部技术职称工作，会同劳动人事部制定会计干部技术职称的各种规定办法。

制定有关会计事务所的规定和管理办法，指导监督各地会计师事务所的工作，制发注册会计师执照。

审批外国会计公司在华设置办事机构，管理监督其业务活动。

组织编写和审定全国统一会计教材。

负责本部门会计研究生的教学和研究指导工作。

办理中国会计学会的日常工作。

财政部会计事务管理司的上述职责，较之会计制度司的时代是大大地扩展了，成为名副其实的主管全国会计工作的机构，同时也说明，国家对会计管理工作越来越重视。

财政部会计制度司的恢复和更名，以及会计事务管理司职权的拓展，标志着我国新时期会计管理体制的恢复和逐步发展。

三、各部门、各地区会计管理机构的恢复、建立

随着经济体制改革的逐步展开和国民经济的恢复发展，会计工作在经济管理中的重要地位和作用日益显现，各部门、各地区也随之普遍加强了对会计工作的领导和管理。国务院各业务主管部门迅速恢复或组建了管理本部门财务会计工作的专门机构，其职能主要是组织和管理本部门、本系统的财务会计工作，在与国家统一的会计制度不相抵触的原则下，制定适用于本部门的有关会计制度的具体办法或者补充规定，组织本部门的会计人员培训工作，以及从事本部门其他的会计管理工作。

80年代初，山西和贵州率先在省财政厅设立会计管理专门机构，80年代中期以后，各省、自治区、直辖市财政厅（局）也先后成立会计管理的专门机构——会计事务管理处（有的称为会计处），并在绝大多数的地、市、县财政部门陆续成立了会计管理机构（会计事务管理科、股等），一些乡镇财政所也设置了会计管理机构（会计事务管理组）或设有专人负责会计管理工作。各级地方财政部门的会计管理机构的职能主要是负责本地区的会计管理工作，如负责国家统一的会计法规、制度在本地区的贯彻实施，制定本地区的会计法规、制度、办法，组织本地区的会计人员培训，负责本地区的会计人员管理工作等。

各部门、各地区会计管理机构的恢复、建立和完善，适应了新时期经济发展对加强会计管理工作的要求，进一步完善了"统一领导，分级管理"的政府主导型的会计管理体制，保证了国家有关会计方面的法规、制度得以顺利地贯彻实施，为我国会计工作的加强、发展和创新奠定了基础。

四、《会计法》的颁布和会计管理体制的法制化

1985 年 1 月六届全国人大常委会九次会议审议通过了新中国第一部《会计法》，并以中华人民共和国主席令公布，于 1985 年 5 月 1 日开始实施。尔后，1993 年 12 月，八届全国人大常委会五次会议对《会计法》进行了第一次修订。

《会计法》第一次以国家法律的形式，对我国会计工作的管理部门和管理权限等作了明确的规定："国务院财政部门管理全国的会计工作。地方各级人民政府的财政部门管理本地区的会计工作。""国家统一会计制度，由国务院财政部门根据本法制定。各省、自治区、直辖市人民政府的财政部门，国务院业务主管部门，中国人民解放军总后勤部，在同本法和国家统一的会计制度不相抵触的前提下，可以制定实施国家统一的会计制度的具体办法或者补充规定，报国务院财政部门审核批准或者备案。"

对会计机构的设置和会计人员职责等，《会计法》明确规定：各单位根据会计业务的需要设置会计机构，或者在有关机构中设置会计人员并指定会计主管人员。不具备条件的，可以委托经批准设立的会计咨询、服务机构进行代理记账。大、中型企业，事业单位和业务主管部门可以设置总会计师。

《会计法》对中央和地方、财政部门和其他业务主管部门之间会计管理范围和管理权限的划分和规定，使我国的会计管理体制以国家立法的形式得以确立，标志着我国政府主导型的会计管理体制逐步完善并步入了法制化的轨道。

五、《会计改革纲要》的发布和会计管理权限的进一步明确

80 年代以后，随着经济体制改革的逐步深入，要求对会计工作进行全面的改革，以促进会计管理工作的全面发展。

1990 年 11 月，在财政部主持召开的第三次全国会计工作会议暨全国会计工作先进集体和先进会计工作者表彰大会上，重点研究了会计改革问题，会上讨论了财政部经过多年酝酿研究提出的《会计改革纲要（试行）》（讨论稿）。该文件经会议讨论、修改，于 1991年 7 月发布试行。在总结试行经验的基础上，经过 1995 年全国会计工作会议讨论修改，新的《会计改革和发展纲要》于 1996 年颁发施行。《纲要》明确提出新时期会计改革的总体目标是：建立适应社会主义市场经济发展要求的会计体系。提出：适应转变政府职能要求，在会计事务的宏观管理中，逐步实现以会计法规为主体，法律、行政、经济手段并用，有利于改善和加强宏观调控，同时可以发挥地方、部门、基层核算单位积极性和创造性的管理体制。随着《纲要》的实施，适应经济体制改革进一步深入和建立社会主义市场经济体制的要求，在政府机构改革中，会计管理体制也不断得到改革和完善。

适应建立社会主义市场经济体制的需要，为进一步深化会计核算制度改革，1996 年 1月，财政部制发了《关于深化企业会计核算制度改革、实施会计准则的意见》。这一文件

的第三部分"组织领导和分工协调"规定：根据《会计法》规定的会计管理体制和"统一领导，分级管理"的原则，各级财政部门和国务院业务主管部门应当加强对会计准则和行业会计核算制度实施工作的组织领导，做到合理分工，并搞好协调。文件明确：财政部统一管理全国的会计核算工作，具体负责：(1)统一制订会计核算制度改革的总体方案，指导会计准则和行业会计核算制度的实施工作；(2)统一制定并解释会计准则和行业会计核算制度；(3)统一组织会计准则和行业会计核算制度的实施；(4)统一制定培训规划和培训要求，统一编写培训教材；(5)对各地区、各部门组织实施会计准则和行业会计核算制度的情况和效果进行监察和考核；(6)对各地区、各部门制定的有关补充规定和实施办法进行审查和批准。

关于地方财政部门的管理范围和权限，明确规定：各省、自治区和直辖市财政厅（局）按照法定权限和财政部的统一要求，负责管理本地区会计准则和行业会计核算制度的实施工作。并对各项具体工作的职责、权限作了规定。

关于各部门的管理权限，文件规定：国务院各业务主管部门、中国人民解放军总后勤部按照法定权限和财政部的统一要求，管理本部门的会计核算工作。同时，也对各部门有关具体工作的职责、权限等作了明确的规定。这些规定虽然主要是针对会计准则和会计核算制度的管理，但所体现精神同样适用于其他会计管理工作。可以说，这一规定对我国新时期会计管理体制做出了明确、完整、系统的规定，标志着适应社会主义市场经济需要的会计管理体制的成熟。

六、两次政府机构改革对政府会计管理职能的调整

根据国务院机构改革方案，将财政部的会计事务管理司改称为会计司。主要职责是：管理全国会计工作，拟订或制定全国性的会计法律、规章、制度、规划，组织和会计管理人员的业务培训，负责全国会计职称管理工作。

在老河口市、襄樊市进行设立会计局试点的基础上，湖北、河南、河北、山东、山西等地也纷纷进行了设立会计局的试点。到1998年底，全国设立会计局167家。尽管各地会计局的管理体制、内部机构设置等有所不同，但其管理范围、管理方式等大同小异。管理范围基本上包括会计人员管理、会计制度管理、会计电算化管理、其他会计事务管理等；在对会计人员的管理方式上，前期大都采取"间接管理"方式，即会计人员的调动、任免、业绩考核、专业技术资格的评审等由会计局统一管理，工资福利、晋职晋级、人事档案由各部门自行管理，会计局协调配合。近两年，在实行会计委派制度试点的一些地区，会计局对一些委派的会计人员实行了直接管理的方式。

设立会计局，是深化会计事务管理工作改革的一个大胆尝试。这样做有三条好处：一是随着机构的建立，力量进一步充实，职责进一步拓宽；二是各级领导更加重视会计工作，提高了会计的社会地位；三是可以更好地为会计人员服务，为各单位做好会计工作服务。

会计委派制度的试点。进入 90 年代以后，特别是在 1995 年朱镕基副总理提出"整顿会计工作秩序的约法三章"以后，为适应经济体制改革，整顿会计工作秩序，加强党风廉政建设的需要，不少地方进行了以会计人员委派制为主要形式的会计人员管理体制的改革试点。

这项改革试点最早在湖北省利川市（对国有企业委派会计人员）、江苏省苏州市的用直镇（对集体企业委派会计主管）以及深圳市、上海市（对大型国有企业委派财务总监）展开。经过试点，会计委派工作取得了明显的成效，引起了各级党、政部门的高度重视。在 1998 年、1999 年召开的中纪委全会上，作为反腐倡廉、标本兼治的措施之一，中纪委正式提出试行会计人员委派制。此后，各地区纷纷组织试点。据不完全统计，截止 1998 年底，全国共有 105 个地级区（市）、414 个县（市）进行了会计委派制的试点，直接或间接委派会计人员达 14472 人。

从试点的情况看，会计委派制的主要形式有：一是直接管理形式，二是委派财务总监的形式，三是委派主管会计的形式，四是财会集中制形式（也称为"零户统管"形式），五是乡镇集体企业会计主管人员委派形式，六是对农村集体经济组织实行账目集中核算管理，七是企业集团内部由集团（或总公司）向下属企业委派会计人员的形式。

会计委派制试点的效果，主要体现在：一是强化了国有资产和财务管理，有效地防止了国有资产和集体资产的流失；二是为从源头上制止铺张浪费、贪污腐败和官僚主义提供了可能，推动了党风廉政建设和社会风气的好转；三是稳定了会计队伍，提高了会计人员的素质；四是提高了会计基础工作水平，规范了会计工作秩序；五是加强了会计监督，提高了会计信息的质量；六是会计管理工作得到重视，会计管理队伍得到充实。

应该肯定，设立会计局的探索和进行会计委派制的试点，都是进一步改革和完善我国政府主导型会计管理体制的有益尝试。

第四节　会计管理体制创新与会计信息质量

提高会计信息的质量问题一直是会计理论中关注的一个问题，因为其对于企业的经营管理产生了重要的影响。本节对于会计管理体制进行了简单的介绍，对其具有的特征进行了分析，并且在此基础上提出了对其创新能够提高会计信息质量的观点，指出了科学的、规范的会计管理体制对于企业的会计信息的质量的提高的重大影响作用。

一、会计信息质量特征

可靠性。这种性质的前提是真实，真实性是其真正的标志。只有会计信息本身是真实的，才能够正确的指导使用者做出决定，而正确性以及中立性则是它的一种辅助性的标志。

相关性。所谓相关性，指的是会计信息可以指导使用者根据其做出相关的决策，并且由于会计信息的不同做出的决策之间也存在着差异。

可理解性。所谓的可理解性就是指财务报告中所提供的信息，要能够尽可能的简洁、清晰、明白，这样才能够便于人们的理解，且使用起来变得更加的方便。

可比性。这要求在同一个企业中的不同时间，或者是不同的企业之间的各个方面的信息能够进行对比的衡量。

二、会计管理体制组成

作为一种制度来看，会计管理体制由正式的约束、不正式的约束以及实施机制等三个部分组成。

首先，作为会计管理体制的一个不是正式的约束的部分来看，企业的管理层、会计、以及审计的职业人员的职业道德的建设都是不能被忽视的一个环节。在我国，社会经济生活中有很多方面都是使用非正式的约束进行维持的，人们生活的大部分约束都是由非正式的约束进行的。但是由于非正式约束本身还存在着一定的局限性，因此如果没有正式的约束，那么成本的实施就会变得很难，从而使得一些较为复杂的交换难以发生。

其次，作为正式约束的一个较为核心的部分，对于会计信息质量管理的法律、法规的建设任务还比较艰难。这些正式的约束中，有着企业内部的一些与此相关的制度，还包含着企业在外部的环境受到的制约。

由于会计管理机制的存在，人们才能够以此为基准实施性的决策。在实际的应用中，判断一个国家的会计管理机制是否是完备的，不仅要关注这个国家的正式的以及非正式的会计法规，判断其是否是合理的、完备的，更加重视的是关注有没有相应的实施机制。任何完善的法律，如果没有一个较为健全的实施机制作为支撑，那么都是如同虚设的存在的。历史上，很多情况下都并不是没有法律可以作为支撑，而是没有建立起与完善的法律法规进行匹配的实施机制。我国目前还没有较为完善的相应的实施机制，因此要想真正地达到切实的对于法律法规进行落实，是一件十分不容易的事情。

三、对其进行创新影响

会计对于企业的管理层进行契约履行有着很重要的意义，是其中重要的手段以及工具。会计机构作为企业的一个职能部门来看，是受到企业的管理层的委托来进行会计工作的，其工作的主要目的就是为企业进行服务。会计管理体制的创新能够直接的影响企业内部的会计信息质量的完善，从而影响经济的发展，因此有着很重要的意义。

（一）完善会计信息内容

因为企业的会计管理体制是相对于其内部的经济活动进行的，因此其中会计管理体制是整个会计信息管理过程中的一个重要的基础。对会计管理体制进行创新性改进，能够直接地使得会计信息内容更加的完备，从而促进企业的经济发展。我国很多企业的治理结构没有发挥应有的效果，除了制度上的问题之外，此外还缺乏支持有效决策以及有效行动的相关信息，这些信息通常是企业管理的自我调控系统提供的。

企业的治理结构必须能够很好地解决好两个方面的问题：一方面是企业的各个相关的利益主体需要什么样的财务会计信息来帮助他们做出相应的决策，进而能够进行更好地管理，这就需要会计信息内容更加的准确。另一个方面就是建立一个合理的、有效地会计信息的传送系统，这样才能够保证企业的财务会计信息能够及时地、准确地满足企业的各个利益相关者的需求。因此，对于会计的管理体制进行创新性改革，首先，必须要在政府的帮助下完成，政府对于企业的会计活动做出明确的、较为完备的会计法规的体系，从而对于企业的会计活动做出整改。其次，还需要对于制定的规则进行明确的规定，保证企业能够执行相关的规则，在这样的基础上来对企业的会计活动进行外部的制约限制，充分地发挥出税收法规体系在财务会计信息的生产过程中提供的约束。

（二）改进会计信息失真

目前，会计信息还存在着失真的问题，其中一部分原因就是与税收制度是不完全匹配的，并且存在着不完善、不健全的问题，正是这些问题导致了会计信息的失真。因此应该采取一些创新措施来对这种现象进行改善。在企业受到的外部约束中，法律环境的约束是很关键的一个约束，而其中税务环境约束尤其重要。税务的规则与企业的财务会计之间有一定的关系，使得其对于企业的经营者有着较大的影响，因此税务环境主要是企业的会计行为的一个重要的外部环境。在我国，目前税务的规则的实施机制处于一个较为弱化的环境中，税务的实施机制还处于一种比较弱化的地位。首先，税务的规则主要是由人来进行组织实施的，而有些税务的稽查人员其本身的素质不高，甚至根本就没有经历过正规的学习，对于会计知识处于不懂的状态。有些人只经过了中专等较为低层次的会计学习，难以达到税务稽查人员的工作需要，难以把相关的工作做好。除此之外，还有一些稽查人员存在着经济效益与成本进行比较分析的一个问题，如果他们严格地按照要求进行纳税，那么虽然可以保证国家的税务收入的增加，但是却不一定能够达到稽查的人员希望的结果。因此，要想改变税务这一块的问题，应该采取的创新方式就是改变税务的稽查人员的经济行为的目标模式，这就需要对相关的制度进行创新性的改进，在加大税务征管的同时，强化对税的稽查的监控情况。

我国的会计信息质量现在有一些比较严重的问题，比如信息的真实性难以保证的问题，追根究底主要是我国的会计管理体制存在着一定的问题。本节首先介绍了会计信息质量的特征，然后在对会计管理体制组成进行了介绍了的基础上，提出了其存在的问题所在，并且针对这些问题提出了相应的创新措施，这些措施能够对于提升会计信息质量起到很大的作用。

第五节　企业会计管理风险产生的原因

企业会计风险是指在一定时间和空间环境中，会计人员因提供的会计信息存在大量失误而导致损失的可能性。按照影响对象不同，会计风险可分为会计人员的责任风险、管理者的责任风险和会计信息使用者的损失风险。具体来说会计风险是会计机构或人员在进行工作时，由于错报、漏报会计信息，使财务会计报告失实或依据失实的信息误导监控行为而给企业带来损失的风险。这就要求企业的经营者、会计管理人员必须经常进行会计分析，防范风险，建立风险预警分析指标体系，并进行及时、正确的会计管理决策。

一、企业会计管理存在风险的原因

企业会计管理环境的多样性变化。企业会计管理的宏观环境复杂多变，而管理系统不能适应复杂多变的宏观环境，是企业产生会计风险的外部原因。会计管理的宏观环境包括经济环境、法律环境、市场环境、社会文化环境、资源环境等因素。这些因素存在于企业之外，但对企业会计管理产生重大的影响。宏观环境的变化对企业来说是难以准确预见和无法改变的，宏观环境的不利变化必然给企业带来会计风险。

经历了建议 1 和建议 2 的教学后，学生可能对于数线的理解还存在难度。因为之前所接触的线段模型和面积模型，都是把整条线段或整个图形看作整体"1"，小数表示的是线段中的一小段或图形中的一小块。

企业会计风险虽然短时间内不会对企业的正常运行造成阻碍作用，但是只要企业进行会计活动，那么风险就一定伴随而来。在目前的企业会计管理工作中，管理人员对会计风险的管理并没有形成较为系统全面的防范体系，其思想意识仍旧停留在传统的财务管理层面，不能与时俱进的提高知识应用水平及工作责任意识，因此，管理人员对风险认知的缺失性是导致管理失败，风险问题频发的主要因素。

经济决策盲目进行。企业的经营者不能按照相关数据的分析报表进行计划投资，并且在做经济决策时过于盲目及草率，就很可能导致投资环节出现较大风险，更严重的还会导致投资失败，经济利益受损。如果企业想要长远发展，并实现经济利益的最大化，就要在做经济决策时，利用科学有效的会计信息进行综合考量，并对投资项目的可行性做出方案计划，规避投资风险。但是目前由于企业经营者对风险意识的不够重视，导致风险管理的发展存在一定的制约性，这就造成了部分企业在进行经济决策时往往只凭自己的主观意识及经验总结，这就造成了大量的投资失败问题频发，资金损失惨重，从而使得企业经营状况濒临危险边界。

二、企业内部财务关系缺乏有序管理

目前我国的企业内部的经济管理水平普遍不高，企业内部的责任划分情况不够明确，缺乏强而有力的管理制度的制约，会计管理风险难以控制，使企业经营陷入困境。

确定企业会计管理方向。只有确定了企业会计管理的方向，才能促使企业向着这一目标更快更好的发展，并在市场竞争中不断优化会计管理模式。在当前的社会经济体制中，企业社会地位的提升，不能仅仅依靠核心竞争力来实现，更重要的是企业精神及企业管理意识，只有管理意识足够强大，才能从根本上提高管理水平，促进企业在社会角色中的深化改革。

因此，在会计管理中应充分发挥风险预判功能。企业若想在市场竞争中占据主导地位，就应将对风险的规避工作放在首位，因为企业只有具备较强的经济运作能力，才能在市场机遇来临时掌控有利时机，提高企业经济运行效率，提升经济实力，促进企业的扩大化发展目标的实现。

提高企业内部监督水平。企业内部的监督管理机构是会计信息真实性及合法性最直接的监管部门，它不仅可以监督企业经济往来是否符合国家相关要求，经济活动往来是否真实，会计工作是否符合规章制度，还可以在监督过程中发现企业存在的财务风险，并对其进行管理及预防，提高企业经济运行的安全性及可靠性，使会计管理风险效率得到较大提升。

这其中包括会计部门中的会计从业人员、出纳人员、企业内部审计人员、企业经营者及负责人之间的互相监督，在日常工作中这部分人员的工作职能既相互分离，又存在一定的联系性，相互制约，相互影响。

提高企业财务会计报告质量。企业的会计信息是对企业一定周期内的经营状况及资金流动情况的最真实体现，弄虚作假现象是不可取的。一旦企业需要外部投资支持时，为了获取更大的投资空间，虚报企业财务收支情况，将会直接导致企业负债增加，企业的正常运行更会受到一定影响。因此，企业的会计信息务必是真实有效的，这不仅可以树立良好的企业形象，更能够降低会计风险的发生频率。

提升会计管理水平。虽然当今时代企业数量呈现不断上升的趋势，但是管理水平却停滞不前，会计管理无法实现对企业经营现象的宏观控制。因此，企业为了谋求更高效的运行效率，应将管理水平进行根本提升，规避会计风险，加强会计工作监管力度。会计管理内容要进行细化分工，加强会计责任管理制度，充分发挥监督职能作用，使会计管理水平更具规范性及有效性，提高企业的综合实力。

在现代企业发展中，我们必须加强会计管理工作，贯彻落实责任会计的理念，以科学认真的精神、求真务实的态度建立合理、规范、有序的会计责任体系，促使企业会计人员更加积极主动地发挥主观能动性，避免人为失误对企业造成的损失，将会计风险的防范工作落到实处。

第六节　内部审计在企业会计风险管理

内部审计主要是指企业站在战略角度，对企业内部的财务风险进行有效管理和调控，使会计工作能够更加完善，符合企业既定发展目标，帮助企业内部各个不同部门和单位的管理人员，提供真实有效的管理意见。实现企业内部审计工作与外部审计工作的完美配合，是当前阶段企业审计过程中的最大特点，不仅能够有效优化企业审计管理，同时也能配合国家审计部门完成相应工作。将企业内部审计应用在企业会计风险管理当中，有利于提高会计风险管理水平，降低企业各项决策的风险性，推动企业快速稳定发展。本节将针对企业会计风险管理当中内部审计的基本定位和积极作用进行分析，同时对企业会计风险管理中内部审计应用效果提升的具体策略进行研究。

内部审计工作是保证企业正常生产运营的关键所在，尤其是企业内部审计与企业风险管理，在企业管理当中发挥了重要作用，对企业内部审计工作所涉及的内容进行分析，能够得到企业员工的工作情况价值评价，对企业各个部门创造的价值进行评价，此类信息都可以作为企业的决策参考数据，为保证企业快速稳定发展提供可靠依据。企业内部审计工作的有效性能够分担企业外部审计工作量，提高企业财务管理效率，对财务工作流程进行相应优化。同时，企业内部审计能够有效降低企业运营风险，保证部门之间的良好配合。

一、企业会计风险管理当中内部审计的基本定位和积极作用分析

（一）企业会计风险管理当中内部审计的基本定位

正常企业在开机风险审计方面，需要具备三个基本组成要素，分别是风险控制体系、固有风险以及风险检查体系，这当中风险控制主要是针对企业内部阶段没有得到及时处理的风险问题开展预检，例如相关数据的错报、漏报等，导致出现此类风险问题的原因主要是由于企业自身在内部控制方面缺少科学性与合理性，或者在内部管理方面存在执行效率不高的问题。固有风险主要是指，刨除企业内部管控能力和水平因素，在企业进行交易的过程中账户出现错报或漏报问题，以及企业账户余额管理出现问题等。企业会计针对风险进行管理，如果出现账户余额管理出现重大事故问题，随之会引发审计固有风险提升。如果不考虑以上原因，正常市场环境下，企业的固有风险通常与行业发展水平、企业经营情况、经营环境等因素紧密相关。

（二）企业会计风险管理当中内部审计的积极作用分析

现代企业会计风险管理水平与企业内部审计工作的有效性密切相关，企业具备良好的内部审计制度和执行能力，可以实现对风险管理体系的调整和完善，从而提升企业财务风

险预估能力，保证企业运营的平稳性和安全性。企业的内部审核委员会，是企业董事会当中的二级机构，在开展审计工作的过程中，不仅需要站在战略高度，同时也需要结合企业治理目的开展各项审计工作。开展内部审计工作有利于完善企业的风险管理评估体系，同时提出有针对性的应急预案和问题解决对策，从发展的角度看，企业提高对内部审计工作的重视程度，能够有效降低企业会计风险，有利于企业可持续发展。在开展内部审计工作过程中，通常与企业的正常生产运营不产生关联性，所以能够更加客观全面的评价企业会计风险，对企业会计风险管理过程中存在的问题或缺陷提出科学合理的改进意见，与企业相关部门进行写作，为企业制定审计方案。因此，企业内部审计是企业会计风险管理中的重要内容，能够优化企业会计风险管理机制，有利于建设完善的企业会计风险管理体系。

二、企业会计风险管理中内部审计应用效果提升的具体策略研究

（一）企业内部审计工作应保证独立于其他部门

企业内部审计工作必须具有较强的独立性，虽然需要与其他部门进行配合完成审计内容，但是缺乏独立特点的企业内部审核机构，很难保证审计工作质量，同时也会对企业内部审核顺利开展产生一定制约。因此，企业内部审核机构需要在开展审计工作过程中保证设计资源独立整合，同时注重审计工作的公开性和公正性，通过提高审计人员职能和责任意识，降低企业内部审核机构与其他部门之间的联系性，来确保审计结果真实有效。同时，作为企业的管理层，需要提高对企业内部审核工作重要性的正确认识，使内部审计工作能够在企业会计风险管理当中发挥有效作用，提高企业会计风险管理工作的科学性、客观性以及合理性。结合企业管理情况完善内部审计机制，建立一个能够独立于企业监督部门和财务部门的内部审计体系，从而保证企业的内部审计工作能够向公正、公开、公平、透明的良好方向发展，为降低企业会计风险，提高企业核心竞争力发挥有效作用。

（二）企业内部审计风险评估需要注重科学性

为了确保企业内部审计工作能够提高企业会计风险管理水平，还需要负责企业内部审计工作的相关人员能够在开展企业内部审计工作前，对被审计企业进行深入调查分析，全面掌握企业经营项目当中可能存在的分先问题，更好地把握企业风险控制方向。开展企业内部审计工作过程中，负责审计工作的相关人员需要严格遵守审计工作标准、规范，为审计结果真实性和完整性打下良好基础。

（三）注重提升企业内部审核工作的整质量

通过结合企业内部审计工作降低企业会计管理风险，能够有效提升企业会计风险的预估能力，在提升企业风险管理水平的同时，还能制定出相应的预防方案和改进措施，从而保障企业运营的稳定性。要想提高企业审计工作在企业会计风险管理中的应用效果，需要企业首先提升内部审计工作质量，明确规定企业内部审计人员基本职能，规范企业内部审

计工作流程，要求审计人员按照规范、流程开展内部审计工作。审计负责人员在收集相应审计资料的过程中，需要使用正确的收集方式，确保资料真实性，同时，还需要对企业内部审计工作全程进行记录，方便企业管理部门调查和考核。

（四）注重提升企业内部审核在风险评估方面的完善性

在全球化市场经济背景下，我国市场环境日趋复杂，企业要想保证内部审计工作的有效性，应首先健全内部审计工作中的企业会计风险评估体系，切实提高企业会计风险管理水平，从而有效降低企业在生产运营过程中可能出现风险的概率，推动企业稳定发展。企业在开展内部审计工作的过程当中，需要审计机构能够对企业当中被审计部门进行全面的调查，通过分析对风险做出预估，其中主要包括前文提到的企业固有风险、风险控制以及风险检查。如果在审计过程中发现一些不确定的会计资料或信息，必须提高警惕，谨慎处理，同时结合风险预估机制评价可能给企业造成的危害，结合问题找到科学有效的风险规避措施。

随着当前市场环境愈加复杂，企业在生产经营过程中需要面对的各种风险几率也不断提高，企业会计风险管理的有效性，不仅关乎企业财务问题，同时也会影响企业发展和长远规划，因此，将企业内部审计工作应用到企业会计风险管理当中，是未来企业可持续发展的必然选择，同时也是现代化企业的发展趋势。在企业未来会计风险管理过程中，需要不断提高审计工作的科学性、准确性，通过进一步全面落实企业内部审核水平，提高企业会计风险管理工作质量。

第四章 现代管理会计的方式

第一节 财务会计的精细化管理方式

近几年，国际原油价格持续低位震荡，国内成品油市场需求不振，相关产业链下游制造型企业生产经营面临严峻挑战，财务精细化管理成为制造型企业应对低油价危机的必然选择。为此，文章在结合制造型企业财务会计管理发展现状和存在的问题，结合实际具体探究制造型企业财务会计精细化管理策略，旨在能够更好地促进制造型企业发展。

"企业的任何一项经济活动都有其财务意义"，精细化财务管理的核心就是通过实现"三个转变"促进财务管理水平的提高。即财务工作职能从记账核算型向经营管理型转变；财务工作领域从事后的静态核算向全过程、全方位的动态控制转变；财务工作作风从机关型向服务型转变。而财务会计是精细化管理的重要组成，对促进制造型企业发展影响意义重大。为此，文章就制造型企业财务会计精细化管理问题展开探究。

一、精细化管理概述

精细化管理需要深入到制造型企业发展的全过程，具体体现在精细化操作、精细化管控、精细化管控、精细化规划。其中，精细化操作主要是要求制造型企业员工在工作中要规范自己的行为，严格按照有关标准开展操作，确保施工操作安全。精细化控制主要是指在制造型企业实践活动中严格规范各个活动流程，确保制造型企业能够按照计划施工。精细化核算是针对财务管理层面的活动，主要是指对各类和财务活动相关内容的核算，通过有效核算确保制造型企业发展利益的实现。精细化规划深刻影响制造型企业长远发展，能够增强制造型企业发展的市场竞争力。

二、制造型企业财务精细化管理发展现状

（一）制造型企业财务精细化管理难度大

制造型企业发展本身是一个投入大、周期长、风险隐患大的行业，在制造型企业发展中，从生产制造、加工销售等各环节都对整个制造型企业发展产生深刻的影响。在人们对

制造型企业采取财务管理要求和生产流程需求增加的发展背景下，制造型企业财务精细化管理工作变得更加复杂。

（二）制造型企业财务精细化管理队伍落后

在社会主义市场经济的不断发展下，制造型企业发展也开始朝着国际化的方向发展。但是从发展实际情况来看，制造型企业在我国长期处于垄断地位，制造型企业财务管理理念落后，管理方式陈旧，且制造型企业财务精细化管理没有形成高素质的管理队伍。

（三）制造型企业财务精细化管理体制不完善

伴随我国在国际世贸组织的参与，一些国外公司大量涌入我国，国外先进公司所拥有的技术和经验对我国制造型企业发展造成了冲击，对制造型企业财务管理提出了更高的要求。

三、制造型企业财务精细化管理优化策略

（一）实现对制造型企业财务管理理念的更新

传统的制造型企业精细化管理是以制造型企业发展资源、能源的消耗为基本出发点和落脚点，在发展的过程中只强调了成本的降低和支出的节省，忽视了制造型企业发展效益的提升，一味地压缩成本不符合制造型企业财务管理的科学发展。针对这个问题，制造型企业在发展的过程中需要树立长远的发展目光，积极引进国家化先进的成本管控战略和方法，从而确保在增加单位产量的情况下节省成本费用。

（二）实现精细成本管理，强化挖掘意识

成本是制造型企业长远发展的关键，精细化管理是提升制造型企业盈利能力和核心竞争力的关键。从发展实际情况来看，制造型企业发展面临核心业务限产、外部工作量萎缩等问题，在这样的问题下需要集团人员加强对各项投资和费用指标的严格控制，在制造型企业发展过程中树立精细化成本管理理念，通过挖掘增效来确保制造型企业发展保持良好的发展态势。在制造型企业发展内部需要积极开展勤俭节约、挖掘增效的主题实践活动，加强对制造型企业预算的严格控制。

在成本管控上，制造型企业需要实现对全体员工的管理控制，在制造型企业建设成本、采购成本、生产成本等方面采取相应的控制措施。同时，制造型企业在发展过程中还需要积极开展对标活动，结合实际制定出符合制造型企业发展需要的费用支出标准，提升成本管控效果。在成本预算上，制造型企业需要完善分级管理、归口管理结合的预算管理模式，实现对预算管控的综合评估。在成本挖掘上，制造型企业需要加强从降低能耗、提高生产效率方面深层挖潜。

（三）完善制造型企业精细化管理制度

为了能够提升制造型企业财务会计精细化管理水平，需要完善制造型企业财务会计管

理制度。在制度的建立下保障制造型企业会计人员具备一定的职能，实现制造型企业财务会计管理专业化发展。同时，在制度的约束下能够将制造型企业各部门和制造型企业会计部门密切联系在一起，实现对制造型企业财务管理发展情况的科学评估，全面提升制造型企业的发展效益，提高制造型企业市场竞争力。

（四）完善企业财务管理信息系统

在会计信息化系统建设中，要改变手工会计的习惯和思维，贯彻精细化管理思想。ERP 环境下的会计信息化改变了手工会计的工作习惯，也改变了以手工会计流程为基础而设计的会计电算化系统的流程，最终改变了会计管理工作的传统模式和思想。会计工作在达到管理精细要求的同时，必须改变传统的习惯做法，在保证会计工作质量与效率的前提下，把 ERP 的管理思想融入会计工作的创新过程中，探索建立一套围绕业务、会计核算、财务分析到财务决策的财务管理信息系统，全面梳理和优化财务业务流程，建立各项财务工作标准，推行财务流程标准化管理。

综上所述，在激烈的市场经济环境下，想要能够更好地实现制造型企业发展，需要相关人员加强对企业管理成本和质量的控制，实现制造型企业的精细化发展。制造型企业通过精细化管理发展不仅能够充分调动员工工作积极性，而且还能够确保制造型企业利益不受损害，实现企业的长远发展。

第二节　财务管理中管理会计的作用及强化方式

改革开放以来，我国经济实力在与日俱增，伴随着经济的发展，我们也会发现不用的经济方式如商品经济、市场经济与会计都有着天然的联系。因为每一个企业都是离不开会计的，同样的，每一个企业家也都是离不开管理工具的，每一个企业都需要企业家用心地去经营、去管理。对于会计的作用，我们可以归结为两大方面：一是财务会计对于账务的总结、归纳、计算和管理；二是会计需要对企业经营的方面提出建设性的建议，加强对企业的控制能力，这就凸显出管理会计的重要作用了。管理会计对于企业来说，在财务管理中起着十分重要的作用，本节通过对现代企业会计的分析，探寻财务管理中，管理会计的重要作用以及其作用的强化方式。

一、现代会计两大分支的联系及区别

对于一个企业来说，企业的财务就是企业的命脉，有多少公司因为财务问题而面临倒闭，又有多少公司因为在关键时刻的一笔雪中送炭而起死回生，重新经营起来。对于企业经营来说，财务的管理显得至关重要，所有企业的财务管理最终的展示都是落在企业的财务报表中的，需要用实际的数据来展示。从始至终，会计都是为了服务财务而诞生的职位，但由于企业的财务管理方面出现了分流，因而对于会计来说，会计也出现的分支，即财务会计和管理会计。这两种会计有着千丝万缕的联系，他们是同源的，管理会计更是企业用来控制公司经营的重要工具。

（一）企业财务会计与管理会计的联系

对于企业财务会计和管理会计来说，两者的研究对象实际上是相同的，两者研究都是企业的价值运动，而最终的研究目的也都是为了通过价值创造的研究、分析，来促进企业价值增量的最大化，让企业越做越大。对于企业价值运动研究，我们可以通过对企业的资金运动的研究来实现，因为资金运动的表现形式是具体的，是可以有据可循的，资金流动的主要形式包括投资、筹资、销售额、企业日常的运营以及企业内部股份的分红和盈利，通过对这些资金运动的研究，我们就可以充分的研究和分析企业的价值运动，达到让企业价值增量的最大化的目的。但对于财务会计和管理会计来说，虽然研究对象都是价值运动，但究其根源，两者研究的真正成分是有所不同的，财务会计研究的是财务管理中的实体管理，因为财务会计可以直接接触到企业资金的预算、支出、收入等，可以对现金流量进行管理；但对于管理会计来说，接触的并非价值运动的实体，管理会计是通过对价值运动的分析、管理和整理反馈，来影响企业的管理，最终达到让企业价值最大化的目的。

财务会计与管理会计在企业的整体"价值链"当中，都存在十分密切的内部联系。对于一个企业来说，最主要的财务管理活动包括3个方面：投资、筹资和资金日常的运营情况。管理会计通过对企业价值运动的研究，对企业价值链进行横向和纵向的分析，提出科学合理可靠的建设性建议。为达到企业价值最大化的目标，提出十分有价值的信息。财务会计通过借鉴管理会计提供的信息，为企业提出具体的实行方案，依据项目本身的请款，做出资金的调整，对公司资源做出合理的分配，以达到公司价值最大化。

（二）企业财务会计与管理会计的区别

虽然财务会计和管理会计的研究对象是相同的，两者也存在着不可分割的内部联系，但两者也是有很大的区别的。两者的区别主要体现在8个方面：服务对象不同、核算主体不同、核算原则不同、核算目的不同、工作程序不同、核算方法不同、计量尺度和观念取向不同、核算时间和效力不同。对于这8个方面，我们具体举例说明四个方面，比如第一种，服务对象来书，财务会计这是为了企业外部信息而服务的，为企业做出正确合理的决策；管理会计则是相反管理企业内部信息的。第二种，核算原则不同，财务会计核算的主体是有明确的标准和备注的，需要按照公认的会计原则进行核算；而管理会计则不需要遵循公认的规则，每个企业可以大不相同。第三种，核算目的的不同，财务管理主要工作比较呆板，所以对于账目的处理也是比较木讷，主要目的在于汇报账目；而对于管理会计来说，它的主要职责在于分析账目，为了更好地经营公司而存在的。第四种，工作程序不同，对于财务会计而言，财务会计制作账目是需要严格按照规章制度进行的，不能自行颠倒顺序；而对于管理会计来说，他们的工作顺序比较灵活，有很大的余地可以回旋。

二、管理会计在财务管理中的作用

（一）提高企业管理效率

管理会计的主要工作内容是要根据财务会计的工作内容，才能进行。管理会计要根据财务会计对数据的搜集和汇总来做出具体的工作规划和决策，由于财务会计的主要工作是需要对账目进行统计、绘制等，因而财务会计提供的数据是经常改变的，而且会根据不同部门的工作变化来进行改变。两者的结合会辅助企业对企业财务的各项支出与收入有一个明确的规划，管理会计可以很好地帮助企业提高企业的管理效率，赚取更大的价值。

（二）加强企业的竞争能力

管理会计主要是服务于企业内部的管理者和抉择者的，拥有管理会计再加上财务会计，两者相辅相成。管理会计可以为企业的发展提供更好的出路和决策建议，对企业的整个发展来说都是至关重要的，管理会计可以根据财务会计做出的财务报表，对当下企业管理出现的优势、劣势以及未来发展的走向做出分析、总结，提出适合公司发展的策略，在财务管理方面，做到不乱花一分、不花一分冤枉钱，这就可以大大提高企业的竞争能力，帮助企业立足于这个弱肉强食的社会。

三、财务管理中管理会计作用的强化

虽然我们知道管理会计对于一个企业的重要性，但我们对管理会计的重视还是没有达到财务会计的重视度。财务会计和管理会计师密不可分的两个同根部门，对于企业管理层来说，应对管理会计给予高度重视，对管理会计给予信任，这样才能调动管理会计工作的积极性，使其更好地为企业发展服务。

与此同时，对于管理会计自身而言，自己本身的专业素质也很重要，因为自己本身素质过硬，才能针对企业财务的不同状况提出不同的建设性建议，只有当会计提出的建议合理有效时，企业的管理层和企业员工才会更加充分的信任管理会计，给予更多的权利。管理会计才有施展自己才能的地方，为企业价值最大化做出贡献。针对企业管理会计自身素质的提高，作为企业可以对管理会计进行培训或者实战演练，给予更多的机会。

以往我们对管理会计的应用模式显然不能应对现阶段高速发展的社会和企业，对于企业来说，管理会计的应用模式也应针对现阶段企业的发展，从最原来的"报账型模式"转变为"经营型模式"，建立企业的管理会计的组织框架。

对管理会计作用的强化最重要的一点是将财务管理工作做出明确的划分，财务会计和管理会计的工作职责是不同的，因而工作内容、流程等方面都是不同的，要明确管理会计的主要工作职责，不要出现工作做重复的现象，也不要出现有的工作没人做的现象，每一个部门有每一个部门存在的意义，同样的，每一个职称也有每一个职称存在的意义，应让管理会计充分认识到自己的职责，更尽心地工作。

综上所述，我们不难看出对于一个企业来书，财务是整个企业的命脉，而对于财务管理来说，财务和管理是分不开的，因而一个公司适应要既拥有财务会计，也要有管理会计的。管理会计对于一个企业来说，是必不可少的，管理会计的工作是将枯燥乏味的数据加以分析、研究，提炼出了有价值的信息，这些有价值的信息可以有效地帮助企业管理者做出正确的企业决策，把握企业管理方向。这就好比古时，每一个衙门都需要配备一个师爷是一样的，师爷的主要作用不是为了做决策而是更好的辅佐县令做出更好、更对的决策，免得错判冤假错案，人命关天。而对于企业来说亦是如此，每一个企业的存亡都不是单纯的领导层的起居，而是关系到企业上下所有员工的生活，因而每一笔大投资、大筹资都需要做出严格紧密的规划和安排，将风险降到最低。日常公司的运营，看起来是一笔流水账，但就是这每天习以为常的账目，十分影响一个企业的安危，作为企业管理者也要给予高度重视，这些工作都是管理会计所起到的作用，因而我们更需强化管理会计的作用，调动工作人员的工作激情。

第三节　管理会计与财务会计的融合方式

管理会计报告（报表）和财务会计报告（报表）都属于载体，有很多重要的会计数据包含其中，在对企业经营情况予以反映的过程中，两者分别反映着因和果这两种不同的内容。作为一个企业，在管理会计报表体系的设计工作中，应该注重对财务会计报表数据的分析，并与自身所开展的经营业务所具有的特点相结合，在改善财务会计信息的滞后性、影响降本增效方面有着明显的作用。在此基础上，还有助于促进财务管理支持企业经营决策力度的大幅度提升。本节除了对管理会计报告（报表）和财务会计报告（报表）现存主要区别予以研究之外，还从财务会计报表的三大组成部分（资产负债表、利润表、现金流量表）出发，对基于报表层面进行管理会计与财务会计的融合做出尝试。

一、两者的主要区别

管理会计报告（报表）和财务会计报告（报表）的区别主要体现在下述五个方面：一是侧重点上有所区别，前者的侧重点为反映一个企业的内部管理全过程，对管理和控制企业内部每个责任中心的工作给予高度重视，而后者主要由财务会计报表部分、报表附注部分以及财务情况说明书部分组成。对企业管理者而言，财务会计报告（报表）这一报告有一定的局限性存在；二是控制范围上有所区别，前者对事前与事中控制比较强调和注重，而后者仅注重反映事后；三是内容上有所不同，业绩和评价是前者所强调注重的，而财务信息是后者的主体信息；四是形式上有所不同，前者形式具有开放性的特点，未来是其所看重的，而后者的形成则显得比较固定；五是目的上有所不同，前者为企业中的内部利益相关者的决策提供信息，而后者提供决策信息的对象则是一个企业的外部利益相关者。综合言之，管理会计报告（报表）和财务会计报告（报表）分别比较注重一个企业的内部管理和外部管理这两个不同的方向。只有在清楚地知道两种报表所存在的区别，才能为后续的融合方式研究工作打下坚实的理论基础。

二、两者融合方式研究

（一）资产负债表方面

资产负债表方面的融合在于一瘦一动。一方面，资产负债表瘦的秘诀。其主要是对一个企业的资产方面、负债方面以及所有者权益方面等情况加以反映的一类报表。从企业的经营管理者角度出发，可以说资产是占用货币资金而非资源的多少。换句话说，就是首先转化货币资金为存货等非货币资金，转化完成后，再通过转让或销售这些非货币资金而获得最大化货币资金，从而达成企业的增值这一目的。但是相应的便存在经营决策风险，由上述所提到的非货币资金对货币资金占用时间的长短决定，是否可以按照预期实现货币资金的转化，此时有一个最关键的问题就是假如企业资金太过有限，那么应该做出向哪类非货币性资产的投入决策。基于此，作为企业可基于产品层面，开展内容为逐一分解资产负债表的管理会计报表设计工作，经对每个单类产品资金占用指标、运营周期指标等进行深入的分析和相应的排序，最终得以达成不同资金矩阵策略的制定目标，主要分为高周转低占用和低周转高占用这两类产品，对于第一类和第二类采用短期高成本和长期低成本这两种不同的资金策略。另一方面，资产负债表动的秘诀。该类报表是对处在一定时点的财务情况予以揭示的一类静态性报表。作为经营管理者可以从时间序列出发，持续性地跟踪重要的资产与负债中的科目，并对应收账款周转率或者资产负债率等相关财务指标的预警值进行预设，以便跟踪和分析企业的财务实际走势状况，进而对经营策略进行实时调整。

（二）利润表方面

利润表方面的融合在于跨度变长和还原。一方面为利润表跨度得以变长的秘诀。该种会计报表是对处于一定会计期间（月、季、半年或者年）企业的生产经营成果的反映。因为一个年度为这类报表的最长期间，而更长周期投资回报是一个企业在做出经营决策时重点考虑的内容，有时候一些产品经营的实际运营周期将不小于一年。基于此，企业在利润表的编制和分析中，就存在依照产品或者投资等的周期进行的必要，如此才能使处在更长周期中不同产品的利润趋势反映的更加全面，进而在此基础上，便于对处在更长周期内的某个年度其所处的具体阶段中的利润表趋于正常还是趋于不正常的情况进行分析。例如，处于发展平稳期这一具体阶段中的饲料加工企业，难以在利润上有很大的提升，此时分析利润表是否正常的工作主要以分析产业政策与行业前景等非财务指标为重点。另一方面为利润表还原秘诀。受会计处理方法与会计政策这两方面影响的财务会计报表中就包括利润表，且其还是深受影响的一张。主要表现在下述三个方面：一是因为存在收入确认这一条件，利润表与企业实际经营之间存在很大的时间差异，造成主要对数据进行反映的利润表太过滞后，极易误导经营决策；二是处理财务费用的是财务会计，但却太过狭隘，具体是仅对和负债有关的财务费用予以反映，忽视占用和权益有关的资金情况。基于此，作为一个企业而言，对于权益资金占用情况也应该进行财务费用的计算，并在管理会计报表利润上有所体现，等同于基于 EVA 这一角度，对某项投资决策或者产品运营所具有的经济性进行综合化的评价和相应的考核；三是对于计提的存货减值准备方面、计提的坏账准备方面以及变动的公允价值方面等在实际应用过程中，如果坚持谨慎性这一基本原则，就会造成利润表对企业实际经营情况的反映出现不够真实的状况。基于此，业绩考核指标与利润预算指标等都是管理会计报表涉及的一些指标，此时只需要把时间差异影响和会计政策影响剔除，使管理报表对现存于企业实际经营中的问题，反映的更加及时而准确，进而对企业中的每个利润中心的引导和考核将随之变得准确。

（三）现金流量表方面

上述提到的资产负债表与利润表这两类财务会计报表还存在一个补充性的报表，即现金流量表。这一补充性报表与前两张类型的报表在会计信息含量上，相比而言就显得不那么丰富多元，只是对处于一定会计期间企业的现金收支方面情况的反映。从其科目出发，得以看出其对现金流信息的反映综合性过强，对于资金收支也只是对经营性方面、筹资性方面以及投资性方面这三类予以区分，造成仅观察现金流量表很难发现是否存在资金问题这一状况。已知现金流量表和资金计划表分别属于财务会计报表和管理会计报表各不相同的报表类型，出于使企业管理使用更加便捷的目的，改变前者为后者。总而言之，作为一个企业可从每个部门所应承担的职责出发，完成各自资金计划的制定工作。比如：对销售部门而言，回款方面和销售费用支出方面的计划是需要其制定的两类计划。对人力部门而言，人工薪酬支出方面的计划是其主要负责制定的一类计划，而税费支出方面、利息支出方面、新增借款方面以及归还借款方面的四类计划，则是其需要负责制定的计划。资金计划表这一管理计划报表，主要是经企业中每个部门资金意识的提升，使企业的资金使用效率得以提升，同时，使资金成本得以降低，这也是一个很好的各部门资金收支合理性与趋势的发现途径。

本节首先对管理会计报告（报表）和财务会计报告（报表）的现存主要区别进行深入的分析和研究，最后从资产负债表方面、利润表方面、现金流量表方面对管理会计报告（报表）与财务会计报告（报表）融合方式进行深入的分析和研究，以期提供一些可供借鉴的实例，为企业做好管理会计与财务会计在报表上的融合工作，提供切实的参考和依据，减少报表融合这一基础性工作上出现错误的概率，在为企业做好管理会计与财务会计融合的其他重要部分工作打下坚实基础的同时，助力企业朝着更加长远的方向发展和进步。

第四节　企业会计核算规范化管理方式

在经济快速发展下，企业竞争不断加剧，因此需要从提升企业会计核算能力入手，结合企业具体情况，强化核算工作内容，提升竞争力。但是在目前发展中，由于一些企业对会计核算重视度不高，管理能力与意识不足，造成核算工作作用难以全面发展。

在市场经济快速发展下，为了应对激烈的市场竞争，企业就需要从提升会计核算能力入手，确保核算工作的规范化，制定出有针对性的管理措施，发挥出会计职能与作用。由于一些企业中会计核算工作存在着滞后性的特点，影响到了企业的正常发展。所以为了解决这一问题，就要从规范企业会计核算工作内容入手，确保管理的规范性，实现管理目标。

一、开展企业会计核算规范化管理的意义

（一）找出企业发展中的不足

就企业会计核算来讲，其实就是财务人员借助相关记录与资料对企业在生产经营中的相关数据进行分析，掌握企业发展情况，及时对企业发展战略进行调整，从而避免出现损失等。所以说在企业发展中就要发挥出企业会计核算的作用，满足企业的长远发展目标。就企业会计核算来讲，需要从日常经营角度出发，通过对企业近期情况进行分析，明确企业是否正常运转。通过对所得到的数据进行分析，能够找出存在的问题，确保相关数据的准确性，当数据出现偏差后，势必会影响到企业的正常发展。所以在企业发展中就要清楚认识到企业会计核算规范性管理的意义所在，所获取的数据也是精准的，这样才能促进企业发展。

（二）提升会计工作质量

由于企业会计核算有着一定的复杂性，所以在工作中需要财务人员保证自身工作的细致性，提高核算准确性与完整性。在企业发展中则需要以规范化管理方式开展核算工作，获取精准数据与信息，展现企业经营状况，为企业发展提供服务。其次，要规范企业会计核算制度，确保各项工作能够落实到具体中去，坚持以正确规范制度进行核算，提高核算可信度。

（三）提升企业在市场的地位

想要在激烈的市场竞争中占据一席之地，就必须要做好企业会计核算工作，满足企业健康发展需求。只有获取真实有效信息，才能展现企业经营状况，才能提升企业市场地位。所以就要从做好各环节控制入手，掌握成本情况，满足健康发展需求。

二、企业会计核算规范化管理中的不足

（一）监督管理力度不足

企业会计核算作为企业发展中的重要环节之一，能够实现对企业各项经营管理的监督，但是一旦忽视企业会计核算的监督作用，势必会降低数据精准性，造成财务经营中的数据难以展现企业实际情况，难以发挥监督管理功能，对企业正常发展产生不利影响。

（二）会计人员综合素养不足

会计工作人员作为企业会计核算的承担者，综合素养与专业能力直接影响到了会计核算的质量，但是在研究中发现，目前一些会计工作人员在专业能力与综合素养方面存在着一定的不足，使得核算工作质量不高，难以满足企业发展需求。所以会计工作人员想要提高核算质量，就必须要掌握专业财务会计知识，积累丰富工作经验，正确面对企业会计核算中存在的问题，采取科学核算方法提高核算准确性。

（三）专业人员数量不足

企业想要实现长远发展，必须要具备充足的财务人员，确保各项财务工作顺利开展。但是在一些企业中虽然已经成立了专业部门，但是专业人员数量严重不足，在工作中表现为分工不合理等问题，造成企业会计工作效果并不理想。其次，一些企业中的财务部门作用难以发挥，工作人员难以掌握企业中的真实经营数据，难以进行规范化核算。最后，在选拔会计专业人才时，并没有结合具体情况进行选拔，造成工作人员专业能力不高，影响到了企业会计核算工作的开展。

（四）内部管理制度不足

由于一些企业对财务内部管理制度重视度不足，造成财务工作开展效果并不理想。即便是一些企业认识到了开展企业会计核算的意义，但是在工作中却依然没有按照相关管理制度来进行工作，造成核算工作针对性不足，难以发挥企业会计核算功能。也正是受到这一现象的影响，使得企业会计核算效果并不理想，限制了企业的未来发展。

三、企业会计核算规范化管理的措施

（一）加大监督管理力度

在企业发展中就要从落实会计核算工作入手，发挥出监督管理职能，加强内外的监督力度。首先，要积极开展内部监督，借助相关部门的优势设置相关监督岗位，监督人员也要积极对财务数据进行监管，找出其中存在的不足，解决存在的问题，发挥出内部监督的作用。其次，要发挥外部监督作用，利用内部监督优势确保企业会计核算的规范性，提高核算科学性与真实性，把实现规范化管理目标。

（二）提升工作人员专业性

由于会计工作人员综合素养与专业性对企业会计核算工作质量有着直接的影响，所以在工作中就需要从具体环节出发，清楚认识到提升会计工作人员专业性的重要性。首先，要积极组织会计工作人员参与培训，以强化培训等方式帮助其掌握相关政策与准则，确保工作人员能够在工作中严格遵守相关要求，提高工作合法性。借助有效培训也可以帮助会计工作人员掌握最新的专业会计知识与技巧，熟练使用相关软件。其次，要提升会计工作人员对企业会计核算规范化发展的重视度，明确自身工作要点，确保会计核算的针对性。最后，要加大专业人才引入力度，确保核算工作高效开展，提升核算科学性。

（三）组建专业核算团队

在一些企业发展中因专业财务人员数量不足，使得企业会计核算工作开展存在着许多的问题，工作质量不高。因此在发展中就要积极开展团队建设，引入高素质人才，确保企业会计核算的顺利开展。首先，要成立专业部门，以综合素质高、专业能力强人才为主，发挥出企业会计核算的优势。其次，要积极开展职业道德培训，提升工作人员思想认识。最后，要引入先进考核办法，以此激发工作人员参与工作欲望，提升竞争意识，确保核算工作的高效性。

（四）完善财务会计管理制度

首先，在企业会计核算中就必须要做好内部制度的建设工作，只有保证各细节的合理性，才能确保工作人员能够在工作中坚持正确工作态度，严格按照具体工作流程开展核算，提高核算精准性。其次，要完善管理制度，制度建设的目的就是要指导后续工作开展，所以当工作人员对制度重视度不足时，势必会影响到制度的作用发挥。因此企业就需要从各项制度入手，积极开展核算工作，保证核算工作的顺利进行。如可以开展交替监督，对各个环节进行细化管理，提升人力资源效率，确保会计工作的标准化。所以在企业发展中就要不断完善管理制度，结合企业发展进行有效调整，满足工作要求。

（五）提高核算科学性

在企业发展中想要实现长远发展目标，就必须要遵守相关管理制度，避免随意更改工作顺序等，而是要结合企业具体情况，确保账务工作的质量，严禁出现遗漏等，提升企业会计核算的质量。其次，要保证管理的持续性，做好各细节管理，避免出现凭证不规范、账务不合理等问题。只有掌握企业发展情况，才能采取合理化核算方法，才能提升企业会计核算效果，确保核算的精准性。

（六）以奖惩机制促进企业发展

想要发挥出制度与规范作用，就必须要将制度与规范落实到具体中去，发挥出管理优势。而在企业发展中执行力度往往受到企业精神、文化、奖惩机制等方面的影响。所以想要提高企业会计核算质量，就必须要从提升核算人员工作积极性出发，以完善奖惩机制提升企业竞争氛围，确保工作人员能够承担自己的职责，避免工作中出现错误等。对于专业能力强的人才要给予一定的奖励，激发工作积极性。其次，要鼓励审核内部人员之间要积极开展监督管理，不仅要完成自身工作任务，同时也要实现全面监督，营造良好工作氛围，确保企业的健康发展，提升企业在行业市场的竞争力。

（七）加强从业资格管理

想要提高企业会计核算工作质量，就要从人员角度出发，在通过资格审核的基础上确保工作的顺利开展，所以在工作中就要从工作人员行业素养出发，企业管理者也要清楚认识到进行从业资源管理的重要性，确保所选择的工作人员具备专业证书，能够掌握相关知识与技能。其次，借助设计资格等级的方式激发工作人员工作积极性，确保其能够主动提升自身能力，在学习先进知识的基础上获取相关资格证书，让工作人员感受到压力，从而激发积极进取心，进而提升行业综合素养。在引进专业人才时，要结合综合技能测试与调查，掌握工作人员整体知识情况，在评估综合心理素质的基础上确保所选择的人才能够满足企业会计核算要求。

综上所述，在企业发展中为了实现规范化的企业会计核算，就必须要从企业具体情况出发，以完善的会计制度促进核算工作开展。同时还要加大监督管理力度，发挥监督管理职能，营造良好核算工作环境，解决企业会计工作中存在的问题，促进企业的健康发展。

第五节　乡镇财政加强会计预算管理的方式

乡镇财政是国家财政的重要组成部分。作为中国基层财政，在保障农村经济社会稳定、促进农村经济社会发展、巩固和加强农村基层政权建设等方面发挥着重要作用。从全国各地来看，乡镇财政管理还存在许多问题，如预算管理不科学、工作制度不健全、财务会计核算不合理、专项资金管理不到位等，亟待加强。因此，结合实际工作，提出了加强乡镇财政管理的对策和建议。

会计核算的预算管理是每个政府部门的一项重要工作。它是指政府部门为了实现自身的职能，提高财政利用效率而做出的决策、计划、组织、协调和监督所采取的各种行动。通过财务会计预算管理，我们不仅可以加强对资金使用的监督和管理。它还可以提高资金使用效率。然而，在实践中，由于制度和人员的限制，财务会计预算管理中还存在一些问题和不足，这不仅影响到财务会计预算管理的顺利进行。这也对财政资金使用效率产生了负面影响。因此，结合乡镇的实际情况。探讨和分析财务会计预算管理中存在的问题和不足，并提出相应的改进途径和方法，无疑具有重要的现实意义。

一、财务会计预算管理中的问题与不足

由于体制、人员等因素的制约。目前，我国财务会计预算管理还存在一些问题和不足。具体而言，主要体现在以下几个方面。

（一）管理体制缺失

大多数乡镇缺乏完善的财务会计预算管理制度，会计预算人员没有明确分工，权责不明确，容易出现相互扭曲的现象。财务预算会计管理人员在一些单位有多重责任。财会预算不能有效管理，容易造成国有资产流失。

（二）预算管理不完善

预算工作在财务会计预算管理中没有得到应有的重视，很难理清财政支出的重点。它不能发挥应有的指导作用。在财政预算执行过程中，没有科学合理的各项支出计划，容易出现财政支出超出预算的情况。

（三）监管体制缺失

乡镇财政预算会计管理普遍缺乏有效的监督机制。虽然偶尔有财务检查，但他们通常以正式的方式或响应于工作的需要而完成。它不能达到预期的效果。缺乏常规监管，往往以突击检查的形式对财务会计进行预算监督。范围不广，不够深，很难真正发挥监督作用。

二、财务会计预算预算管理办法

（一）完善财务会计预算管理

管理一直是企业和国家发展的最重要的组成部分。如上所述，中国在财务管理过程中没有健全的管理体系。为保证财务会计的预算管理,应建立科学合理的会计预算管理制度。首先，明确每个会计经理的责任，这样可以大大避免将来工作中出现的问题。要明确管理人员的工作，就是要落实个人责任。这种情况可以保证出现问题时，可以及时找到相关的负责人，这也是财务管理的进一步保障。第二，员工的工作目的是明确的，许多单位为会计人员安排了越来越多的工作，因为高层管理人员对财务人员的重视不够，这显然是一个错误的工作安排。高级管理人员应加强会计管理工作，对于一些违反规定的人员给予惩罚，建立员工监督机制，使全体员工能够监督其他员工。最后，要摒弃传统会计管理的不合理之处，强化会计管理意识。随着新时期科学技术的发展，我们应该发展现代的会计管理和信息管理。财务管理人员应顺应时代的发展，运用现代手段对财务部门进行预算管理。

（二）加强财务预算管理

财务预算工作是提高财务管理水平的最佳途径。首先，要确立财务预算管理的态度，明确预算可以提高财务管理水平，建立科学合理的预算管理理念。第二，在进行财政活动之前，必须进行财政预算，以加强经济活动的规划。最后，建立科学的预算分配、执行和决算监督制度，确保预算的准确性。

（三）提升会计职业能力

目前，在知识经济、信息时代，人才在社会的发展中起着越来越重要的作用，特别是在财务管理方面，人才是重要的，需要很强的工作能力。因此，在专业人才的培养和应用中，应始终重视人才的选拔和培养。首先，我们应该重视人才的培养。事实上，人才培养是高校自身应做好的工作，但现阶段，高校培养的人才已不能满足人力资源的需求。因此，机构可以与高校合作，开展更多的实训项目，为人才提供学习的机会；其次，对已聘用的会计人员进行专业培训，对员工进行任职资格考核是一个必要的过程。员工入职培训后，为期一至两周的岗前培训，试用期为3至6个月，在此期间对员工的职业能力进行调查。试用期过后，让新员工总结本期工作，回顾工作中的不足，为今后的工作积累经验。最后，最关键的部分是提高员工的整体素质，纠正他们的工作态度。帮助员工树立责任感和道德感，让他们明白财务管理必须认真负责。

（四）完善财政监管

一是加强乡镇财政和县级管理的作用。加强乡镇财政收支监督，定期监督检查乡镇集中核算单位和村级财务处理，不断规范和提高会计核算的规范化水平；二是完善乡镇财政内部监督制约机制。建立乡镇财政监督员，充分发挥内部财政监管的作用，开展乡镇财政业务全过程和全方位监管，实现从事后监督到事件监测的转变；第三，要加强专项资金的监督检查。继续完善财政监管手段和方法，完善管理机制，切实规范和加强专项财政资金管理，强化资金绩效考核机制，不断提高财政资金使用效率。

简而言之，加强财务会计管理起着重要的作用。今后，我们要认识到财务会计管理的不足，并根据具体情况采取相应的改进措施，进一步提高财务会计管理水平。促进资金的有效使用。提高财政资金使用效率。

第六节　管理会计人才的培养方式

从外部原因和内部原因两方面分析了管理会计人才稀缺的原因。外部原因是企业忽视了对管理会计人才的培养，因技术欠缺等原因不支持培养管理会计，仅通过控制成本来增加企业利润，严重阻碍了管理会计人才的发展。内部原因是企业对管理会计人才的需求远小于对财务会计的需求，缺乏完善的课程体系，涉猎范围较广，学习难度变大。阐述了管理会计人才的培养策略，如完善课程体系，在大二至大三年级设置不同难度的管理会计课程，开设经济学财务评估等辅助课程，拓宽学生知识面。丰富实践形式，在实践教学阶段开设企业实战平台，引导学生进行仿真实验学习，意识到管理会计在企业中的重要性。在专业实践阶段对案例进行详细分析，对企业财务管理进行详细规划。在综合阶段改革教学方式，加强师资队伍建设。

在信息化快速发展的时代，市场逐渐细分，企业的发展空间变大，生产成本不断降低，经济效益不断提高，促进了企业的可持续发展。现代化的管理会计人才培养方式不仅可以提高企业的经济效益，还可以通过一系列特定的技术和方法，对企业生产和经营活动进行有效控制，创新会计管理机制，充分发挥会计的管理职能，让企业在市场中保持住竞争优势，创造更多利润。改变会计职能是为了提高企业的硬实力，提升内部管理水平，促进企业转型升级。

一、管理会计人才稀缺的原因

（一）外部原因

企业高度注重产出，忽视了对管理会计人才的培养，大多数企业会因技术欠缺等原因不支持培养管理会计，仅通过控制成本来增加利润，严重阻碍了管理会计人才的发展。

（二）内部原因

第一，受外部因素影响，企业对管理会计人才的需求远小于对财务会计的需求，学校也会针对企业需要的人才去设置相应课程，忽视了对管理会计人才的培养。第二，缺乏完善的课程体系。由于管理会计专业出现在大众视野中的时间较短，尚未建立一个能将理论与实践相结合的体系。第三，管理会计涉猎范围较广，既要学习成本核算、预算等知识，还要学习营运、管理等知识，加大了学习难度。

二、管理会计人才培养策略

（一）完善课程体系

第一，高校应在大二至大三年级设置不同难度的管理会计课程，让学生对管理会计知识有更加深刻的思考，明确从事管理会计工作需要掌握的技能。第二，增加管理会计所占的课时比例，开设经济学财务评估等辅助课程，拓宽学生知识面，能举一反三，让学生时刻走在专业思想的前沿，意识到管理会计在企业中的重要性。

（二）丰富实践形式

1.实践教学阶段

第一，在校内开设企业实战平台，引导学生进行仿真实验学习，意识到管理会计在企业中的重要性，找出自身在实践过程中的不足。第二，通过校企合作让学生了解企业基本的生产流程，使学生将理论与实践相结合，思考如何能将最基本的生产核算提升到高层次的成本管理上来。第三，开展与管理会计实务相关的活动。可通过小组学习，让学生找出企业中实际存在的财务问题，并结合所学知识对这些问题进行点评和解析，以加深对管理会计专业的理解。第四，举办专家讲座，介绍关于管理会计最新的研究成果，并对相关政策进行解读，让学生了解管理会计行业的发展现状。

2. 专业实践阶段

在课堂上，教师要将案例与理论进行结合，对案例进行详细分析，对企业财务管理进行详细规划，提升企业的自身价值，激发学生的学习兴趣。

3. 综合阶段

第一，带领学生进入校内的仿真财务实验室进行实操，让学生初步了解管理会计的工作流程，并根据操作记录出具实践报告，与教师进行交流，找出自身在实操中存在的问题。第二，学校要鼓励学生到企业进行实习，解决在理论学习中遇到的困惑。

（三）改革教学方式

从前的教学方式存在诸多缺陷，大课堂教学导致学生的听课效果欠佳，若将理论与实践进行结合，听课效果将事半功倍。首先，教师要给学生布置制作演示文稿的作业，使学生充分意识到管理会计对企业发展的重要性。其次，教师要对财务管理、成本核算等教学内容进行整理和适当删减，突出教学重点，避免教学资源的浪费。

（四）加强师资队伍建设

教师的能力在管理会计的教学中起着至关重要的作用。学校在资金条件允许的情况下，应组织教师进行理论知识学习，选择教学能力突出的教师到企业进行顶岗实习，并定期组织考试，了解教师对管理会计专业知识的掌握程度。

随着经济全球化的不断发展，企业的经营环境已发生了根本性变化，企业的内部管理活动逐渐呈现出多元化，对管理会计专业人才提出了更高的要求。在新形势下，要加大对管理会计专业人才的培养力度，对管理会计的教育理念进行改革创新，构建全面、先进、系统的知识体系，为企业输送更多高质量、高水平的管理会计专业人才，使其为企业的经营管理提供合理决策。

第七节　PPP 项目财务管理与会计核算方式

近年来，随着我国社会经济的快速发展，我国在水利设施、交通设施以及环境保护设施方面的建设数量和规模也在不断增加，相应的在这些方面的资金投入也会随之增加。为了进一步的优化我国的融资平台方式以及降低财政投资的风险，PPP 模式得到了广泛的应用，并取得了良好的效果。本节对 PPP 项目财务管理与会计核算方式进行探究，希望对提升财务管理水平以及提升核算的准确性有所帮助。

我国社会经济在近年来的发展取得了突出的成绩，随之而来的城市化进程也不断加快，在此过程中，PPP 项目发挥了至关重要的作用，目前，PPP 项目已经被广泛地应用于我国的生态保护设施建设、水利、能源以及交通设施等领域，并取得了十分显著的效果。相较于传统的政府单独管理模式，PPP 项目具有十分明显优势，主要表现在 PPP 项目可以有效降低成本，通常情况下，PPP 项目可以降低 1/4 左右的成本。近年来，随着 PPP 项目的广泛应用，在很大程度上推动了我国经济的发展。本节对 PPP 项目财务管理与会计核算进行探究，旨在探索 PPP 项目在财务管理与会计核算方面的积极影响。

一、PPP 项目简述

（一）PPP 项目的概念

PPP 模式即指（Public—Private—Partnership）模式，它是指私人组织与政府之间，为了提供某种服务以及公共物品，以特许权协议为基础，彼此之间形成一种伙伴式的合作关系，为了使双方的权利和义务更加明确，需要签署相关合同，进而使双方的合作能够顺利地完成，最终使合作各方达到比预期单独行动更为有利的结果。PPP 项目被广泛地应用于公共基础设施的建设过程之中，这使得政府部门在进行公共基础设施建设中的融资效率低的问题得到了有效解决。PPP 项目产生于 20 世纪初期，但 PPP 项目在我国的应用较晚，直到近些年，PPP 项目才在我国的公共基础设施建设过程中得到广泛的应用。

（二）PPP 项目的运行机制

PPP 项目的运行机制贯穿了整个公共基础设施的建设过程，它不仅可以在很大程度上降低工程项目的建设成本，而且是确保工程项目能够顺利开展的重要基础和前提条件。具体来讲，PPP 项目的运行机制主要包括定价机制、PPP 项目的运行机制、人才机制、法律机制、市场准入机制、管理机制以及风险规避机制等。

二、PPP 项目财务管理与会计核算方式的研究

PPP 项目是指私人组织与政府之间的合作，即私人企业与政府公共部门进行合作，对项目资金产权进行重新地分配，最终达到公司双赢的局面。就财务管理与会计核算而言，PPP 项目中的资金流动，可以作为财务管理工作中数据的物质表现，并根据会计核算进行产权分配，这可以对公私双方的产权进行衡量，进而提升管理模式的科学性。

（一）PPP 项目与会计核算

会计的职能主要包括两个方面，一方面表现为反映职能；另一方面表现为管理职能。就会计的反映职能而言，会计工作可以为相关人员提供第一手资料，通过第一手资料可以准确、全面地反映出 PPP 项目的具体情况；就会计的管理职能而言，其主要表现在可以为项目决策者提供相关会计信息，进而使财务管理工作可以具备更加精准、可靠的信息依据，进而实现了财务管理对经营单位的管理职能。PPP 项目产权价值流动具有一定的灵活性，这使得 PPP 项目能够起到一定的实时跟踪作用，进而能够对各方投资者的产权归属进行分

析，使 PPP 项目所涉及的政府、投资方、公共集体以及债权人等能够得到相关的会计信息数据，并可以依次为依据对 PPP 项目的运行状况进行判断。因此，PPP 项目运行过程中的决策会直接受到会计核算的进准度以及财务管理质量的影响，并且会计核算也是 PPP 项目投资者、PPP 项目实施者以及 PPP 项目利益者维护自身权益的重要方式。

（三）PPP 项目会计核算在各个阶段的应用

PPP 项目成立阶段要对政府以及各投资上进行产权主体划分，并且反映出主体经济的初步运行状况，以及各项会计核算目标；PPP 项目运营阶段，要注重收益分配问题，主要是特许经营权资产的转移与支出等，要依据特许经营权资产分配收益重置，以及划分后续支出；PPP 项目在移交阶段的主要工作内容是进行资产分类，使清算处理更加明确。应用会计分析对 PPP 项目的各实施环节进行核算，进而得出有关各个环节的数据信息，这些数据信息可以精准的反映出产权价值的流向，进而实现实物流动转向价值流动。在 PPP 项目移交阶段无需对项目进行会计处理，要遵照相关法律法规以及相关协议进行结算处理，这样才能为项目移交提供有力的保障。

综上所述，随着我国社会经济的发展，使得近年来 PPP 项目在公共基础设施建设过程中得到了广泛的应用，怎样更好发挥出 PPP 模式的作用，逐渐成为人们所关注的重点，因此，我们应注重对 PPP 项目财务管理与会计核算方式进行探究，促进 PPP 项目的平稳发展。

第五章 现代管理会计内容

第一节 预测

在企业的经营发展中，科学而恰当的经济预测为其未来的发展奠定下了良好的基础。而预测本身是通过企业以往经营所产生的相关数据为蓝本，相关人员通过相应的方法，进一步的通过预算、会计核算来对事物未来的发展规律、结果的可能性进行推测。而随着信息化时代的到来，管理会计作为经济预测结果的一种推测性数据基础，其科学化变革将会对经济预测的结果产生促进性作用。本节主要就现代管理会经济预测内容的主要变化方向、具体的预测方法这几方面进行相关的论述。

信息化时代的到来，对企业的发展起到了促进性的作用。同时也促使其转变原有的管理观念，对相应的管理方法进行变革。管理会计作为企业管理中非常重要的一个环节，其对经济预测的准确性提供了有效的数据支持。而传统的经济预测主要针对销售、成本、利润之间的关联性来完成，随着时代的发展，企业的生产、经营方式发生了改变。原有的管理会计核算方法，无法为经济的预测提供恰当的、科学的数据支持。从而影响到了经济预测的准确性，因而结合当前企业的实际经营情况，来进一步地深入化研究、创新，对于企业未来健康、有序、良好的发展将起到促进性的作用。

一、当前经济预测内容的重要性变化

（一）预测的内容不在只局限于财务信息方面

以往管理会计主要为经济预测提供财务方面的信息数据，而随着信息数字化时代的到来。市场上企业间的竞争越来越激烈，以原始管理会计所提供的会计信息数据基础进行的经济预测，已然无法满足企业的经营发展需求。因而扩大管理会计的研究深度，将非财务信息内容如市场需求量、占有率、生产弹性等多方面的指标进行调查、统计、分析，从而来加大经济预测内容的范围，于多方面来进行经济预测，将为企业的未来决策、经营、发展提供更为有利的帮助。

（二）预测的内容不单单只针对短期数据

为了更好地来适应企业未来经济发展的需求，相关人员应着眼于企业信息的全局化、长远化。以战略会计的角度来对企业当前经营过程中的相关信息内容进行归纳、统计、分析、管理。相应的便加大了工作量、提升了工作的复杂性与难度，但是数字化信息技术的应用，为战略管理会计的有效完成奠定下了良好的基础。所以对于企业的相关人员而言，应以战略管理会计的角度，将外界环境、企业战略发展等因素考虑进来。从而以长远的角度来进行经济预测，为企业的经营发展提供更具深远性的数据内容。

（三）扩宽经济预测内容的范围

随着社会科技的进步、经济的快速发展，市场对企业于多方面提出了更好的要求。因而对于企业而言，做好自身的经营管理，以战略性角度来思考、调整自己的发展方向、提升自身的市场竞争力是非常有必要的。而深远的、广阔的经济预测，将对企业的经营决策、未来发展提供更为有利的数据支持。因而就这一角度而言，扩大经济预测的内容是非常有必要的。

1. 对企业竞争对手进行分析

按会计主体内容来看，竞争对手分析已然超出了会计主体的核算范围。但是相关人员通过对企业竞争对手的经营情况、市场占有率等方面的信息进行分析，再结合自身的相应情况进行对比，可直观地发现自己的不足、所需要改进、提升的内容。进而有效的完善了经济预测内容，将进一步的提升经济预测的可参考性，这为企业未来经营发展方向的确定提供了更为有利的数据信息服务。

2. 对顾客需求进行分析

顾客是企业服务的对象，是商品销售的最终购买、使用者。对其的需求情况、产品使用的满意性等多方面进行调研、分析。可及时地对当前的产品类型、价格、质量等按其的需求进行调整。进一步的扩宽了经济预测的参考内容，扩大了经济预测的范围、提升了预测的准确度，为企业未来的经营发展提供了更为有效的数据支持。

二、经济预测的具体方法

经济的预测是以管理会计提供的数据作为基础来完成的，而准确的管理会计数据是需要相应的方法来对各类原始资料进行归纳、核算、总结后得出的。而目前主要采用两种方法来进行数据计算，一是定量预测方法、一是定性预测方法。

（一）经济预测定量方法的具体应用

该方法下主要是通过对经济预测对象的相关历史数据进行收集后，以数学模型的方式，来对其未来可能达到的一种数量值进行计算。目前于其内还进行了两种分类，一是时间序列预测法、一是因果关系预测法。在时间序列预测方法下，相关人员会以预测对象随时间变化所产生的有关数据为基础，并以相应的数据运算方法来对未来的结果进行预测；而在因果预测方法下则是以相关影响因素的历史性数据为基础，通过数据模型的建立来对预测对象的未来数值变化进行确定的方法。

（二）经济预测定性预测方法

在这一方法下相关人员会根据预测对象认识度、了解、掌握程度作为数据分析的基础，进而来对其未来可能发生的状况进行推测的一种方法。随着数字信息化时代的到来，这一方法的应用性被大幅度的提升，强化了此一方法下经济预测数据的准确性。

为了更好地适应社会经济发展的需求，于竞争中更具优势，企业应拓宽自己的管理思路，以现代管理会计方法来提升、深化经济预测的范围、准确度。进而为企业的经营发展奠定下更好的基础，为其的经营决策提供更具参考价值的信息。

第二节　决策

管理会计中，高层一直被视作投资中心，对企业投资或资产利用的效率（如净资产收益率）和效果（如经济增加值、剩余利润）负责。因此，高层战略实施成果的评价标准首先是投资或资产利用的效率和效果，其评价内容还需包括通过平衡计分卡得出的非财务指标。

管理会计是一个价值创造的信息系统，最终主要服务于两个目标：一是为管理决策提供必要信息；二是为构建战略实施的管理控制系统提供信息支持。

一、决策支持

（一）厘清经营决策中成本的"相关性"

由于缺乏管理会计知识和工具，我国很多企业的管理者在决策时所依据的成本仍属于传统的财务会计成本，混淆了对外提供财务报告和对内提供决策信息的需求。笔者曾亲身经历过一项决策，总经理需做出部件自制或外购决策，在向外委方询价时，对方报价是每件160元，而财务处长测算的单件成本是175元，总经理根据这一信息做出了外包决策。但实际上财务处长做的这一成本数据是全口径成本，而非相关成本。笔者重新做了测算，相关成本只有130元，显然自制部件更加合适。实际上，企业大量的经营决策是基于成本的决策，如产品定价、产品组合、零部件自制或是外购、特定订货是否接受等。在进行这类决策时，关键是厘清成本的相关性，即是说，与决策有关的成本，即使没有发生，在决策时也需要加以考虑，如机会成本；而与决策无关的成本，即使已经发生，在决策时也不用考虑，如沉没成本。

（二）投资决策突出战略导向

资本性投资项目应该是基于实现公司战略目标而提出，体现公司的战略发展意图。其投资决策正确与否不仅直接关系着整个公司资源整合配置与发展的基本思路，还直接影响着公司的核心能力与市场竞争优势。但现实中，大量企业在进行投资项目选择时，看重的是项目技术上的先进性和经济上的可行性，在经济评价中，方案的取舍依据的是净现值、内含报酬率等财务指标，忽视了影响项目选择的非财务因素，也就难以从战略的角度进行资源配置。其后果是，公司越来越走向非相关多元化，而实践表明，过于多元化是导致多数企业失败的元凶。

资本资源配置是公司的重大决策事项，决策时必须考虑到公司的发展战略，如产业性质与产品系列定位、市场开拓区域等。投资项目的选择应预先排除任何偏离公司核心能力的投资活动，资本资源的分配不能单纯依靠资本预算技术，应将是否符合发展战略作为方案取舍的首要标准。

二、管控系统设计

管理控制是战略实施的工具。企业作为层级组织，通常区分为高层、中层、基层和现场。与此相适应，战略实施的管理控制系统可以分为高层管理系统、中层管控系统和基层管控系统。每个管控系统运行既要实现自身目标，又要符合公司的总体战略目标。

（一）高层管理控制系统的核心是战略

高层管控系统是基于公司治理的内部控制，是通过治理结构设计，由公司治理主体实施权责配置、制衡、激励约束、协调等功能，促进管理人员履行职责。高层管理控制强调股东或董事会对公司高层的控制，控制对象为公司高层经理。

董事会在治理型内部控制中承担着重要职责，通过拟定战略方向、行使决策控制权、对战略绩效进行评价、关注管理层战略行为等方式，保障战略控制的有效实施。

高层管控系统设计的主要工作包括：

1.战略实施过程监控

高层经理可利用平衡计分卡、战略仪表盘等工具将关键绩效指标报告董事会，使董事会清楚管理层在做什么，以及企业是否处于正确的发展轨道。由此，董事会成员便能专心致志发挥其特长，把工作重点放在发现"关键问题"上，而不是"在驾驶室里妨碍船长开展日常工作"。

2.战略实施业绩评价

管理会计中，高层一直被视作投资中心，对企业投资或资产利用的效率（如净资产收益率）和效果（如经济增加值、剩余利润）负责。因此，高层战略实施成果的评价标准首先是投资或资产利用的效率和效果，其评价内容还需包括通过平衡计分卡得出的非财务指标。也就是说，业绩评价除了考虑结果控制指标外，还要考虑过程控制指标、主观业绩评价指标以及社会责任履行情况。

3. 高管激励

高管激励是公司治理的动力机制，是公司治理机制的核心内容之一。在激励制度设计过程中，要注意以下几点：①将完成任务的效果直接与报酬挂钩。公司高管的任务来源于董事会通过的战略计划，高管的报酬在很大程度上取决于完成任务的效率和效果。②设计合理的报酬结构。经营者的报酬可以采取工资、奖金、股票和股票期权等形式，而最优报酬设计应是不同报酬形式的有机结合，另外，董事会应根据企业发展战略调整报酬结构。

（二）中层管理控制系统的核心在于协同

1. 中层管理控制系统的首要目标是战略协同

战略协同强调公司战略与业务单位战略的一致性，这对于公司战略的成功实施十分关键。其方法是借助战略地图和平衡计分卡实现战略转化，即是以组织结构和业务流程为基础，将表示公司整体业绩的平衡计分卡指标横向分解为各责任主体业绩指标、纵向分解为责任主体内部各个层级乃至每一位员工的业绩指标。这一过程使不同层级的评价指标通过因果关系而相互关联，确保了评价指标与战略挂钩，也有利于战略协同的实现。

2. 构建以预算为核心的监控系统

公司管理的核心问题之一就是整合，即将众多二级经营单位及其内部各个层级、各个单位和各位员工联结起来，围绕公司总体目标运作。实践证明，全面预算管理是实现公司整合最基本、最有效的手段，其核心在于通过构建预算监控体系，实现公司总部对二级单位的监控。预算监控系统包括预算执行进度的计量与监控、实际业绩与预算比较、反馈报告三部分。

3. 建立基于目标一致性的业绩评价系统

实现战略协同面临着一个基本问题，即如何将所选战略通过预算转化为一套完整的绩效衡量标准，从而引导中层管理者的努力方向。其突出特点是通过量化标准使中层管理者明确自身目标，实现企业总体目标与个人目标的紧密衔接。预算控制突出过程控制，可在预算执行过程中及时发现问题、纠正偏差，保证目标任务的完成。对中层管理者的业绩评价，除了以预算为核心的财务指标外，还应包括非财务指标，并通过平衡计分卡实现预算与非财务指标的整合。但以预算和平衡计分卡为基础的业绩评价强调的只是结果评价，为强化过程管理和弥补量化指标的局限性，在强调结果评价的同时，还要考虑过程评价和主观业绩评价，而以管理驾驶舱为基础的业绩评价可以满足这一需要。

（三）基层管理控制系统的核心在于效率

管理会计一直把基层称之为成本中心，顾名思义，成本中心需对成本负责，并以成本为考核和奖惩依据。但此处的成本不是完全成本，而是责任成本，即成本中心的可控成本。基层管理控制系统正是以成本责任中心为基础构建的管控机制，主要包括两方面：

1. 构建基层考核指标

在管理上，成本中心属于作业层次，按照精益生产的思想，质量、效率和时间是核心，因此，作业管理强调的是作业的质量、效率和成本。基于此，对成本中心除考核传统的责任成本之外，还应包括质量、效率和时间三方面。质量指标包括质量成本、残次品百分比等；时间指标包括顾客反应时间、生产周期效率等。效率可以利用生产率指标加以计量。

2.建立业绩报告制度

业绩报告是对各作业中心的作业执行情况的系统概括和总结，有助于控制和调节基层单位的业务活动，保证企业作业目标的实现。基层业绩报告有以下四种形式：

一是基于标准成本法。主要反映成本中心直接材料、直接人工、变动制造费用和固定制造费用的标准发生额、实际发生额、实际成本与标准成本的差异额和差异率，并通过差异分析明确差异原因和责任。

二是基于作业成本。将成本中心实际作业成本与预算成本进行比较，反映成本动因变化、效率变化、资源成本变化引起的差异，也可以通过编制增值和非增值成本报告，评价作业管理的有效性。

三是基于平衡计分卡。除反映责任成本指标的完成情况之外，还反映客户、内部流程、学习与成长等非财务指标的执行结果。

四是基于操作仪表盘。操作仪表盘可以按秒、分钟、小时来捕捉并显示业务进程，帮助基层经理和一线员工监控并优化操作流程；也可以用诊断性度量指标衡量进行中的流程，诊断性指标实际值显著超出预期标准时，系统就会发出预警。

第三节　预算

一、管理会计在预算管理中的应用现状

管理会计（Management Accounting）起源于传统会计领域，其生成时间远短于财务会计，却在生成之初就成为能够辅助企业管理、帮助企业提高经营利润的会计分支。管理会计起源于20世纪初，在第一次世界大战期间被美国企业首先推行，但并未被企业和会计行业内部重视；直到第二次世界大战结束后，国内和国际市场竞争加剧，企业受到市场需求的刺激，不得不通过提高产品质量、降低产品成本、提高生产效率来扩大企业的经营利润，管理会计才得到进一步的重视，被正式命名与财务会计进行区分。随着改革开放的深入，我国国内市场竞争激烈程度不断加剧，管理会计逐渐成为企业生存和发展的重要途径，可以帮助企业更科学、合理的使用资金和资产，因此自2013年起，我国开始大力推行管理会计，且于2014年由我国财务部正式发布有关推进管理会计的《指导意见》。

二、管理会计在预算管理中应用存在的问题

（一）管理会计存在局限

管理会计的起源在西方发达国家，更适合于西方国家的经济形势，我国虽然自2014年后开始大力推行管理会计，但我国更多的是选用成熟的西方研究成果和管理会计实例，并未通过研究形成符合我国经济形势的管理会计体系。管理会计在我国应用的局限体现在它在定量分析方面的不完整，这使得管理会计虽然有财政部大力推行，但想要适合于我国企业使用还需要一定的优化和调整。我国市场经济十分具有中国特色，国家政策的倾向对企业的发展十分重要，与政策倾向和市场风向变化对企业的影响相比，管理会计的能量相对较小，还需要进一步发展才能正式在企业发展中占据主动。

（二）管理会计的推动需要占用部分资源

管理会计属于企业内部控制的组成部分，主要负责辅助企业进行经营管理，致力于帮助企业提高经营利润，内部控制的实现不可避免会占用企业经营岗位、人力引进计划、固定资产和资金使用预算，在大型企业中，经营者想要在已经成型的管理体系中加入管理会计将受到较大阻力，阻力更多来源于管理体系，在中小型企业中实现管理会计的阻力更多来自于企业所有人，因为在实施初期必然会占用企业生产经营的部分资源，这使得管理会计的推定和落地有一定的阻力，比较被动。

（三）财务人员的素质影响

制度、政策、决策的落地和执行需要人，管理会计的推行和使用同样需要财务人员的配合，这使得财务部在推行管理会计的过程中，对从事财务管理工作的工作人员提出了无形的、更高的要求，然而我国当前从事财务管理工作的人员持证率远低于合理水平，对管理会计内容、特点有所了解、认识的财务管理人员数量更少，对企业经营发展认识不足，这使得财务人员本身被局限在财务会计工作之中，无法影响企业管理层的决策，也无法影响到企业经营管理的决策，在很大程度上限制了管理会计的推行和应用。

三、优化管理会计在预算管理中应用的措施

（一）正确认识管理会计

企业发展过程中需要正确认识管理会计，正确认识管理会计的内涵、特点，正确认识并处理管理会计与预算管理、企业内部控制之间的关系，企业的财务管理部门需要从管理会计的角度出发，正确把握财务与企业经营管理之间的协调，一方面避免因企业经营管理过程中追求效益导致财务风险爆发，另一方面避免因为财务风险的限制导致企业经营管理的受限，而是要让财务预算管理会计逐渐融入企业的运营，巧妙利用预算的管理和实施使企业发展更加科学、规范、合理，并且降低企业的财务风险。

（二）完善预算管理会计制度

1.科学完善制度

企业在进行财务预算时必须深入剖析企业自身的实际需求和管理会计的特点，贯彻财务部推行的管理会计《指导意见》，为企业建立完整的、多层次的、具体化的财务管理会计制度；企业财务管理部门在运行和执行管理会计制度的过程中需要在遵守国家规定、法律的同时遵守企业内部制定的管理会计制度，使管理会计能够与企业经营管理相融合，使财务预算管理能够为企业的经营管理提供辅助力量；完善的管理会计制度需要准确落实在各工作岗位之上，对企业经营管理和财务管理的各个方向进行细致规定，完善企业在资金使用、资产管理、风险控制、责任划分等多个方面的细节，搭配企业绩效考核制度进行落实和执行，使企业内部管理得到切实的施用，为企业生存和发展发挥出应有的力量。

2.财政预算一体化

企业想要推行管理会计，必须要实现财政预算一体化。传统企业财务管理工作中对预算的管理分为"收入""支出""管理"，在管理会计推行过程中，企业需要完成对预算管理的重新规范，根据管理会计的要求重新制定预算制度和标准，将预算管理的范畴扩大并细化，预算管理的范畴扩大是指财务预算管理需要参与企业经营全过程的管理，参与对企业生产经营的全程监督，以便及时解决企业经营管理中出现的各类资金问题；预算管理的细化是指财务管理部门将企业经营过程中可能出现的资金支出、收入问题进行细致划分，例如，预算支出要从人力资源支出细化为基本薪资支出、培训支出、五险一金基数调整额外支出、编制扩充支出，以便于财务管理部门对企业部门动态进行监督管理，将企业预算支出控制在一定范围内，辅助企业内部财务控制的施行。

（三）注重财务风险防范

企业经营过程中必须要重视对于财务风险的防范，避免在资金流动过程中出现资金链断裂等威胁企业生存的情况，因此企业财务管理部门必须明确企业经营过程中的薄弱环节，通过预算管理与经营管理的配合对薄弱环节进行覆盖，最大限度避免资金大量外流、企业账目存在大量应收账款的情况出现；进行企业闲置资金投资时也需要兼顾收益和企业可承受风险，万不可为追求利益而让企业财务出现新的风险，还要通过严格的审核控制投资项目的组合合理性，避免财务管理人员以伤害企业利益的方式获取私利；企业应当坚持现代化财务建设，应用成熟的财务管理系统辅助财务人员工作，一旦出现财务风险可以及时提醒，避免因人为失误导致企业经营管理受阻；企业应当坚持预算编制，针对部门经营过程中的超支情况进行严格审查，对于不必要的支出部分进行阻止，对于必要的支出部分予以支持，并及时采取措施，因为财务管理中的预算编制需要维护和坚持，但不可因坚持预算编制就阻止企业经营发展或坐视威胁企业生存的风险发生。

（四）财务人才培养

财务人才是企业推行管理会计、预算管理的重要基础，因此企业必须重视对财务人才的引入和培养，结合西方发达国家的发展过程和结果，笔者建议企业在发展不同阶段采取不同的人才培养方式，首先在企业发展初期，可以采用持证上岗与岗内培养相结合的方式为企业打造财务人才梯队，为企业发展提供人才助力；企业发展到一定程度后，有实力也有条件进行人才定向培养时，可以采用校企合作的方式，寻找合适的、有实力的高校或职业院校进行人才定向培养，用市场需求引导学校增设管理会计专业课程，企业原有的岗内培养也可以转移一部分课程与学校专业课程合并，为企业节省一部分的培训支出，又可以培养出企业需求的财务管理人员，为企业未来发展提供人才助力。

在内部控制成为决定企业生存和发展重要因素的当代，企业预算管理迎来了全新的发展空间，在管理会计的视角下，防范财政风险、完善资金预算管理、科学资金利用效率成为决定企业进步和发展的重要因素，我国企业必须重视管理会计和预算管理的应用，为企业内部管理提供坚强的资金辅助。

第四节　控制

管理会计的控制理论和方法研究在我国发展还不是很全面，在企业中的应用还存在一定的问题。必须加强对管理会计适用性的研究，大力宣传管理会计的重要性，在管理会计的控制理论和方法的操作上下功夫，使管理会计在企业中的应用能够发挥相应的作用，为管理会计的控制理论和方法在我国企业中的应用营造良好的环境，促进企业的健康快速发展。

一、管理会计的控制理论与方法的现状

（一）管理会计的演进历程及相关研究

西方国家从很早开始就已经开展了对管理会计的研究，管理会计的产生是在十九世纪初期，当时已经有企业的管理层开始对企业的内部计量方法进行关注。企业除了通过市场销售的数量等相关信息对企业生产效率进行了解，也开始在企业内部通过特定的衡量手段进行考核。企业在原有会计制度的基础上，自主研制出一种全新的成本会计制度，对企业的成本以及内部的各项数据变化进行控制和管理。管理会计的控制理论和技术方法得到了初步的发展，当时比较主要的管理会计技术方法是对现金交易进行汇总，编制完成的成本会计报告，并根据财务信息对企业的营业情况进行统计。

对于企业管理会计的研究也经历了不同的阶段，每个阶段对管理会计研究的侧重点都不相同。最开始对管理会计进行研究时，主要考虑的是对企业成本的确认，管理会计的主要任务就是将企业成本真实准确地反映出来，使用的技术方法专业性极强。之后对于管理会计的研究主要集中在管理会计的实用性方面，要满足企业领导者对会计信息的不同需求，

相关成本成为重点，理论和技术方法也在不断丰富。在此基础上，对管理会计的研究重点转换到决策分析上，强调会计信息的真实性和准确性，为企业领导者的决策提供依据。随着信息时代的到来，经济发展中的信息化程度也不断提高，研究重点转向解决多人决策的问题。

（二）管理会计的应用现状

随着社会主义经济的发展，我国经济也进入了比较繁荣的阶段，但对于管理会计的控制理论与方法的相关研究起步较晚，发展还不是很成熟，在推广和应用中存在一定的问题。管理会计还没有形成相应的体系，在应用过程中缺乏相应的经济体制环境，我国在相关方面的法律法规还不是很健全，使得管理会计在应用时的真实性欠缺。管理会计在应用时需要有相应的会计准则进行指导，但是目前还没有相应的会计准则可以与之相配套，使其在理论和实践中无法达到理想的效果。

二、管理会计的控制理论与方法中存在的问题

（一）控制理论与实际存在出入

在管理会计的控制理论与方法中存在着一些会计假设，会计假设是对一些会计领域中的不确定因素进行合理判断的方式，但是在目前的会计假设中，存在与现实情况不相符的现象。面对不断变换的市场经济环境，需要对会计领域中一些暂时无法验证的情况进行合理预测，这种预测并不是没有根据的，而是要具有很强的逻辑性的判断。但是，人的思维能力毕竟有限，无法十分准确的预知市场和企业的各种变化，这就使得管理会计中的会计假设与企业的实际经营状况存在很大出入。

（二）管理会计方法的操作性较低

管理会计对数据的真实性要求极高，使得管理会计的技术方法比较高级，加上对管理会计的研究中并不重视对会计实务方面的研究，在管理会计的技术方法中引入了大量的高难度的数学模型，这些模型的引入使得管理会计的现实可操作性很低。会计从业人员在对管理会计的方法进行使用时，会觉得这些方法很难理解和掌握，使管理会计的理论和实践的距离不断加大，不利于管理会计的应用和推广。

（三）与企业和市场需求不符

管理会计研究的最终目的是将其应用到实践中去，但是在管理会计的理论和方法体系中，有很多是企业和市场不需要的方法，在企业中无法起到相应的作用。管理会计的技术方法大多是工业企业中应用的，对于金融行业的企业、建筑行业的企业等起不到作用，所得信息是企业决策者所不需要的。管理会计的理论和方法研究中没有与市场发展的实际情况相结合，联系不够紧密，考虑不够全面，使得其在应用的过程中相关性较低。

（四）管理会计的应用情况不力

管理会计在企业发展中的作用十分明显，但很多企业都不重视对管理会计的应用，在推广应用上的力度不够。由于企业领导不够重视，企业在会计信息的整理时很少会用到较难的管理会计方法。企业会计从业人员的素质达不到相应的要求，无法对管理会计的高级方法进行掌握，也不适应这种操作方式，使得管理会计在应用过程中被忽略。企业中缺乏配套的基础设施建设，计算机使用率较低，管理会计在使用中无法发挥相应的作用。

三、强化管理会计控制理论与方法的对策

（一）加强控制理论研究与实际的契合性

加强对管理会计的规范性研究，在进行会计假设时，要充分了解市场行情以及企业的发展状况，将可能发生的变化全面的考虑进去，使其与实际的企业经营活动中发生的情况能够具有最大程度的契合。

（二）提高管理会计方法的可操作性

不但要加强对企业管理会计的规范性研究，也要提高管理会计的控制理论和方法的可操作性，不能只对管理会计进行高深的研究，而是要为实际的操作打下基础。将管理会计的控制理论和方法中的数学计算方法尽量简化，拉近理论与实践操作之间的距离。

（三）满足企业及市场发展需要

加强对管理会计的控制理论和方法的适用性研究，满足不同企业的决策者和市场对于管理会计的需求。对市场动态和企业经营管理需求进行深入的分析，加强管理会计获取信息的真实性和完整性，从不同的层面和角度对不同企业的多个决策人进行需求分析，提高管理会计在企业中的积极作用，为企业的决策者做出正确科学的决策提供充足、准确的信息依据。

（四）提高管理会计在企业应用中的适用性

在企业中成立专门的管理会计研究机构，提高管理会计的控制理论和方法在企业中的适用性，推动管理会计在企业中的大范围应用。提高企业管理者对管理会计的重视，为管理会计的控制理论和方法的应用营造良好的环境，以财务会计为基础对管理会计进行应用，将财务会计的信息充分利用在管理会计的整理分析中。

第五节　评价

经济的飞速发展，企业经营规模的不断扩大，对管理会计的要求更加严谨。管理会计是主要利用财务信息深度参与到企业管理决策、制订计划与绩效管理系统、提供财务报告

与控制方面的专业知识以及帮助管理者制定并实施组织战略的职业。基于此，管理会计是企业的战略、业务、财务一体化最有效的工具。现如今，管理会计应用效果在各方面都不理想，发展仍不尽如人意，究其原因，其人员素质是非常重要的一个原因。下文将主要以"管理会计与绩效评价"为主要研究对象，展开深入、细致的研究和分析。

一、管理会计与绩效评价概述

（一）管理会计概述

管理会计，也叫分析报告会计。在日常工作中，主要包含两类内容，第一，通过分析、挖掘企业相关数据和信息，从而为新决策的提出发挥着十分重要的作用。具体来讲，就是通过将企业经济方面的信息等相关数据进行反馈，并结合企业业务情况、财务信息等各方面情况，进行深度挖掘，结合实际情况，从而为企业的发展提供重要的依据，使新决策的提出更加契合企业发展的实际状况。第二，依托企业现有的指标，对企业发展的现状展开研究和分析，主要目的是为了深入了解企业在发展的不同阶段，不适宜企业发展的重要部分，依托科学的指标体系，针对问题，提出建议和对策，主要是为企业的发展把握方向，有效规避可能遇见的各种风险，为企业的良好发展奠定坚实的基础。

（二）绩效评价概述

现代企业管理的过程中普遍开始采用绩效评价的方式，不过就是评价体系表现出了某种程度的差异性，但不管采用哪种评价体系，员工绩效在企业的绩效评价系统中是主要指标。在实际操作过程中，通过一定的评价程序，采用恰当的评价方法，对员工进行考核，主要是业绩层面和能力层面的，建议采用定期与非定期相结合的方式，然后根据考核的结果，给予员工对等的酬劳。

二、管理会计中应用绩效评价的必要性

（一）提升管理会计应用效果的需要

在世界主要发达国家，尤其是欧洲、美国和日本等，管理会计的应用非常广泛。而在我国则相对较弱，主要原因是我国管理会计的起步相对较晚，现阶段处于发展时期。应用程度、应用效果均比较低成为管理会计在企业管理和发展中的重要阻碍因素，虽发挥一定作用，但作用并不明显。通过一定的激励政策，使管理会计能够在应用绩效评价中发挥作用，从而使管理会计人员的工作积极性得到提高。同时能够在一定程度上提升业务人员的业务能力，使管理会计的应用效果得到一定增强，扩大影响，提高我国企业对于管理会计的了解程度，为管理会计在我国企业发展和管理中发挥更有效的作用奠定坚实的基础。

（二）提升企业决策正确性

竞争是这个时代最为显著的标志，也正是因为如此，市场环境总是表现出了加大的不

确定性。任何企业，无论规模大小，要想求得更好的生存和发展，先进的理念至关重要，然后善于捕捉机会，及时做出决策的调整，赢得更好的发展机会。管理会计的作用在于企业发展的每个阶段，信息都可以通过企业会计得以表现，然后以此作为重要依据，展开评估和研究，对未来可能的发展趋势进行预测，为企业后续决策的制定提供依据和参考，通过作业成本法、本量利分析法等管理会计工具发挥重要的作用。如果在对会计人员进行管理的实际过程中，以合理的方式引入绩效评价，更加容易实现管理的规范化和标准化，更加利于员工的进步和成长，从而使他们以高度的责任感和主人翁的使命感投入到实际工作中去，管理会计工作的质量和效率都会得到有效改善和提升。

三、管理会计应用中绩效评价系统建设的完善措施

从目前所了解的实际情况来看，现阶段的管理会计在应用中还面临着很多的难题和困境，源于管理人员个体的、外界的影响因素等，对于其效果的发挥都有着极大的制约作用。在这样的现实背景下，在企业管理会计中引入绩效评价体系，利于激励机制的形成，利于绩效评价体系的建立和完善。具体来说，应该从以下几个方面着手努力：

（一）评价指标要进一步完善

要想保证绩效评价在管理会计中能够充分发挥预期的理想作用，前提就是科学引入评价指标，笔者认为，评价指标应该有两部分构成：

第一部分就是与财务相关的指标。对于会计管理人员而言，财务信息本身就有着极为重要的作用和积极意义，因此在进行绩效评价的实际过程中，财务指标是不容忽视的。这一类别的指标主要就是为了对企业的资产情况进行综合性评估，包含有财务的损益表、现金流量表以及资产负债表等。但是，从实际的应用效果来看，存有很大的缺陷，尤其是不够准确，不够客观，也不够全面，所能够展现出来的仅仅局限在企业的经营成果，对于起来未来的发展无法产生科学的评价作用。还有一点就是评价指标相对单一，对于企业会计人员的业绩和综合能力也无法进行准确反映和评价。

现行的财务指标体系中虽然有了很大的改善，但是依然存有缺陷。对于企业的管理人员来说，一定要充分了解企业的发展现状，立足实际，切实做好绩效评价内容的丰富和完善。笔者建议引入"价值增值"这个崭新的指标，主要的原因在于：

首先通过该指标，能够在较短的时间内对经济决策的效果做出评估；其次是这个指标的引入，能够科学显示出在权益市值范围内产生的影响，然后成功预测出企业在未来一段时间可能面临的经营状况。尤其需要注意的是，在对该指标进行计算的时候，不仅仅对于企业发展时期的现金贴现数据要有所了解，更为重要的是要对计划执行初期的市场价值有所了解。

第二部分指标是非财务类型指标。主要目的就是为了和财务指标一起，旨在保证企业价值衡量的科学性，常用的主要有顾客指标、学习指标、创新指标。当然，指标的选用需

要符合企业自身的发展状况，还要进一步做好技术培训和员工培训，强化创新能力。

（二）制定科学的评价制度

在管理会计中要想真正合理应用绩效评价，就要不断对相应指标进行修正和调整，更为关键的是要保证所采用的评价方法要科学、合理。评价结果要想真正公平、客观、准确，在进行评价的制剂过程中，最好是能够引入多种评价方式，可以是个体对自己进行的评价，可以是同行之间的评价，也可以是领导做出的评价。

个体的自我评价，就是自己针对表现做出的评价，主要包括自身的业务能力状况、目标的完成情况等。自我评价利于主体意识的提升，利于个体的自我完善。大量研究表明，个体评价更加强调和突出积极表现，利于员工的进步。同行评价也是一种常见的方式，因为同事之间的交流和沟通相对较多，无论是同一个部门，还是不同的部门之间，通过彼此之间的评价，对员工的表现能够进行全面的评价。最后就是领导做出的评价，结合会计人员的综合表现，给出结果，最终对三种方式的评价结果进行汇总。

（三）采取合适的激励制度

管理会计中绩效评价有着重要的作用，但是只有与之相配套的激励制度才能将其作用充分发挥。为此，笔者建议，要充分了解员工，对于员工的奖励，要依托结果，符合员工的实际要求，如果员工看重物质层面，可以通过薪酬的提升实现；如果注重自我的成长，可以通过职位的提升得以实现。当然，对于综合评价结果不理想的员工，要给予相应的惩罚。

从上文的论述中，我们可以看出来，将绩效评价体系引入到企业的管理会计中，既利于管理会计应用效果的提升，也能更好地满足企业政策准确性提升的实际要求。所以，在进行实际应用的过程中，一定要切实做好绩效评价指标体系的建立和完善，制定科学的评价体系，建立并完善激励制度，这样管理会计的应用效果才能得到改善，作用得到积极发挥，为全面实现企业的快速发展奠定坚实的基础和有力的保障。

第六章 现代会计管理创新研究

第一节 科技革命与会计管理创新

科技的发展是世界关注的问题，它与我们生活息息相关，科技的进步推动社会的发展，科技的革命也使我们的生活不断发生变化。在市场经济的新时代，对一个企业的经济运作能够起到宏观调控的重要职位就是会计，它在企业的中起到不可或缺的地位。科技革命与会计管理风马牛不相及的两者有什么关系是本节探究的重点。

一、科技革命与会计管理范式创新的含义

科技革命是指科学和技术发生着质的变化，从近现代来看已经出现过5次科技革命，每一次科技革命都给人们的生活带来的翻天覆地的变化。而会计是随之经济发展产生的词语，企业的产生和发展都离不开会计职位，随着社会不断地发展原始会计管理必须审时度势，不断创新，来适应经济市场的变化。

提到科技革命与会计管理范式创新我们都不会把这两个词语联系在一起，更不会想到两者之间有什么样的关系，其实两者是有一定联系的。科技革命会促进社会的发展，人们生活水平的提高，与此同时生产资料和劳动力也会有所改变，这样会直接促使经济的飞速发展。社会经济的发展会使企业中的会计职位受到影响，企业中传统的会计管理已经不能适应经济社会的发展，然而会计行业在企业中起到举足轻重的作用，因此只能不断地改进会计管理范式，使它紧跟着时代的步伐。

二、科技革命与会计管理范式创新的发展史

在原始社会时期没有会计这一职务，但据考古学家记载，在原始社会人们为了记录狩猎的数量采取了在绳子上打结的方式，每一次收获猎物就会在绳子上打一个结，大的猎物就打一个大结，小的猎物就打一个小结，用来计算自己的劳动收获。慢慢到了奴隶社会，创设了司会的职务，用来记录和管理国家的钱财、粮食，会计的雏形就是这样产生的。到了秦朝，秦始皇统一了货币，"会计"这一职务有了更细的划分，形成了自上而下的会计机构，负责管理国家财务的保管、收支的称为治粟内史；负责皇室财务的保管、收支的称

为少府；负责国家政治、经济的称为御史中丞；负责掌管国家图书、档案的称为侍御史四个职务。一直到了近代社会，才真正出现了"会计"职务，随着科技革命会计管理也在不断的创新，适应市场经济的发展和需求。

三、科技革命推动会计管理范式不断创新

科技革命推动了会计管理范式的不断创新，可以总结为第四次变革：第一次的科技革命改变了簿记（单纯记账、算账，没有会计的理论支撑）向传统会计的变化；第二次科技革命使传统会计有了一定的变化，逐渐适应社会的发展；第三次科技革命促使会计理论的形成，使会计行业有了理论的支撑；第四次科技革命使我国传统的会计行业慢慢步入国际轨道，与国际市场接轨，会计管理范式国际化。每一次的科技革命都对会计管理行业产生影响，促使会计管理有了质的改变。

（一）会计假设虚拟化

第四次科技革命使我国传统的会计行业与国际市场接轨，会计管理范式国际化。首先表现就会计假设虚拟化，会计管理的范围越来越大，已经无法界定它的管理范围。原始会计管理是对货币、财务等进行直接的实物管理，而现代的信息社会都是虚拟的数字管理，而不是看的找摸得着的实物。会计对企业的管理也不再是进出账的记录，更多的涉及企业并购、管理融资等等环节。

（二）会计程序的创新

原始的会计程序是簿记，会计人员在记账本上记录企业总账、进账、出账等企业日常账务，或者用消费凭证、记账凭证等。这种原始的会计记账程序烦琐，已经逐渐被新的会计程序所代替，现在企业中多是运用数据库的形式，把企业的总账、进账、出账等输入到驱动程序中，这样需要查账时只需要进入数据库，查阅、调出数据即可。需要获得不同的数据，只需要运用相对应的程序，这样的会计程序迎合市场的需要，省时省力、准确高效。

（三）会计确认与计量的创新

传统的会计确认与计量方式是现金制，这种制度与现代经济的发展不相匹配，现金制必须要有交付的过程，有一定的局限性。这时需要制定一种能够及时反映企业盈利和亏损状况的制度，体现企业现在所具有的市场偿付能力和突发情况的应变能力，为使用者提供相对准确客观的企业现况信息，从而帮助管理者做出及时有效的决策。

（四）会计规范的创新

现在的市场经济是全球一体化的，因此我国会计规范也要与国际并轨、与全球统一，形成一种国际通用的会计规范准则。当然这种准则是根据国际会计标准来制定的，不同国家、不同企业也有自身的特点，国际上允许各个国家依据国际准则的基础上制定适合自己的会计规范准则。在这背景下可以确保会计信息更加真实、更加可信，便于理解、查阅。

四、会计管理范式的创新促进科技进一步发展

科技革命与会计管理二者是互相作用的，科技革命使会计管理不断创新，同样会计管理范式创新也反映市场经济状况，会计管理的变化是顺应市场的发展，与市场经济的需求同步的，会计管理的创新能够直接反映出市场经济的发展状况。其二，会计管理范式创新推动科技不断发展。有需求就会有发展，任何科技的变革都是为了满足人们的需求，市场经济在进步，企业也会不断发展来顺应社会，与此同时企业对会计管理就会提出新的需求，这样就需要科技不断变革、推陈出新，因此会计惯例范式创新也推动了科技的发展。

总之，科技革命与会计管理是相辅相成的，科技革命促进了会计假设虚拟化、会计程序的创新、会计确认与计量的创新、会计规范的创新；然而会计管理范式的创新也促进了科学技术的进一步发展。

第二节　交通运输行政事业单位财务会计管理创新

财务会计管理作为事业单位管理的重要部分，加强交通运输行政事业单位财务会计管理是推进事业单位改革和发展的必然要求，本节简要阐述了交通运输行政事业单位财务会计管理的重要意义，并针对现实工作中存在的管理中的问题提出创新交通运输行政事业单位财务会计管理的有效措施，以提升交通运输行政事业单位财务会计管理质量和效率水平。

一、交通运输行政事业单位财务会计管理创新概述

行政和事业单位是党和国家贯彻和落实政策方针、法律的重要的管理部门。事业单位在资金来源和管理上与企业单位有很大不同，单位具有数量多、人员多、支出多的特点，其会计核算工作因其工作职责的特殊性决定在核算和管理方面具有一定的和特殊性。

行政事业单位财务会计的主要职能包括会计核算与监督职能、参与单位的经济决策和成本控制。财务会计管理工作在事业单位占主导地位。交通运输行政事业单位是承担道路、水路运输市场监管责任，负责公路、水路交通运政综合管理，指导地方海事工作，负责国道、省道等公路的建设、养护和路政综合管理的部门。随着我国市场经济的发展和改革开放的不断深入，事业单位资金来源不再全部依靠国家财政拨款，形成多元化、多层次、网络化的资金来源格局，交通运输行政管理外部环境和自身职能都产生了较大变化，交通运输规费改税后，当前交通运输行政事业单位的收入为路产赔偿损失费、超限超载罚没收入、车辆通行费收入等。

新形势下加强交通运输事业单位财务会计管理，重视事业单位财务会计管理创新具有重要意义。加强事业单位会计管理是适应管理体制与市场经济形势的必然要求，能保证会

计质量，确保会计信息质量与国家财产安全；加强事业单位财务管理，提高资金的使用效率，有效保证机构经营活动有序开展；维持财经纪律会计基础工作的规范化管理，并为国民经济发展提供决策支持。

二、当前交通运输行政事业单位财务会计管理中存在问题

（一）对会计管理重要性认识不清

事业单位主管领导对会计管理工作重要性认识不全面，管理理念认识不到位，财务管理意识不强，片面重视经济业务和主要管理活动，忽视会计管理工作重要性，缺乏统一高效的领导，交通运输行政业务繁复庞杂、工作量大、基层单位工作人员多，分工不明确、各职能部门间缺乏有效配合，工作效率低下。

（二）内部控制制度薄弱

交通行政管理具体业务管理机构和岗位工作机制不完善，工作缺乏具体制度保障，内部管理松懈，会计基础资料不真实，财产不实给单位带来隐性风险；现实工作中会计管理人员在岗位设置上不相容职务设置不科学，固定资产的粗放管理模式，固定资产采购、清查和盘点缺乏细致列示和分类管理，极易引起国有资产流失现象的产生；相关财务预算管理失效，缺乏细化全面预算管理体系，资产使用效率低出现浪费现象。

（三）风险意识淡薄，监督管理机制不健全

部分单位和管理人员缺乏风险防范意识，难以适应当前市场经济环境和行政事业单位管理要求；财政预算资金规模缺乏监管，内部的审计部门工作失效，财政、审计、税务等外部监督管理部门对会计工作监管标准缺乏统一性，难以保障交通运输行政事业单位会计信息质量。

（四）会计信息系统建设亟待加强

现代化的会计信息系统能有效提高财务会计管理质量和效率，当前交通运输行政事业单位财务会计核算、管理体系信息化管理质量不高，缺乏以会计信息的深层次分析和应用，难以对决策形成有力指导。

（五）基层财务会计人员素质参差不齐

近年来，会计专业毕业生在就业选择上面临更多选择，部分毕业生会流向薪金更高的行业和领域，使得事业单位会计人员在数量上呈现明显不足；另一方面，部分会计人员职业素质不高，不熟悉交通行政事业单位会计工作流程，专业技能不强，难以发现和解决实际中的问题；部分会计从业人员职业缺失，工作中不谨慎，造成会计数据缺失和错误、流程规范不清，对整个交通运输行政事业单位产生严重影响。

三、交通运输行政事业单位财务会计管理创新应用策略

（一）重视交通运输行政事业单位财务会计管理，理念创新创设良好管理环境

各级领导和财务会计管理人员要全面认识会计管理重要性，转变观念树立先进的管理理念，明确领导管理职责，加强业务指导，完善并明晰单位层面权责结构，加强单位内部交流与沟通，促进行政事业单位财务会计管理工作协调发展；加强相关法律宣传、开展定期财务管理专业知识、法律法规培训，针对不同对象、不同层次宣传加强会计管理工作的重要性和必要性，根据会计法律法规制定相应配套制度，提升财务管理人员法律意识，切实保障会计人员履行法律赋予的会计核算和监督职能，转变工作思路，营造和维持良好的管理环境，保证交通运输行政事业会计工作有法可依，违法必究。

（二）规范会计管理细则，推进财务会计管理制度创新

结合单位本身的实际情况建立适合自身的、系统科学的内部控制体系，强化预算、收支、政府采购、合同、工程项目和资产管理六大业务规范性建设，保障会计基础数据质量，做好制单、审核等基础性工作，质量促进各岗位切实履行各自的职责，确保财务会计严格遵守财务规范，完善会计岗位不相容职务的分离制度执行，强化各自具体业务职责与义务。

交通部门收支管理也是财务会计管理的重点内容，交通部门经费有限，加强收支管理，在有限的经费规划内要加强基础设施建设就要合理规划单位的收入与支出，制定符合单位发展的收支表，强化事中控制，对收入支出的来源与去向控制，依据岗位权责对等原则，保障充足的经费用于生产性支出，严格执行核算的流程和标准，使会计基础工作进一步规范化、制度化；建立归口管理机制内部控制中心，加强固定资产核心管理等基础性工作进行内部控制，重点核算固定资产入账价值，细化固定资产采购、维护保养、报废等管理制度；设置统分结合、分级管理的预算管理模式，加强全面预算管理，促进财务管理工作发挥最大实际效能。

（三）强化内部外部监督，重视风险防范

交通运输行政事业单位要适应社会改革发展需要，强化事业单位资金、资产进行全方位、全过程的核算、监督，对会计信息的真实性和完整性给予监督，树立财务监督的权威性，明确会计人员的基本职责，减少失误，提高风险防范意识和防范水平；交通运输行政事业单位要结合交通运输特殊业务要求完善内控管理体系，加强内部控制和审计监督建立有效的约束激励机制，定期检查内部控制制度，匹配审核业务专业性，强化各部门岗位职责、业务流程、审批权限等内控重点领域的稽核，确保监督人员自由独立行使监督权，监督预算支出的事项，聘请外部中介审计机构结合外部审计监督内外配合进行会计基础工作流程监督管理，对难点和重点项目采取审计监察，加强风险节点的识别和管控，实现专人

专项专事负责及时发现单位内部的问题并及时纠正。

（四）构建现代化会计信息系统

信息时代，交通运输行政事业单位要利用信息采集、分析技术科学主动开展要素创新，构建现代化会计信息系统，推广会计电算化的使用，建立健全会计电算化长效机制；针对单位行政属性和权限特点，优化会计信息系统职权管理，完善财务综合服务和决策支持平台保障信息安全；融合财务会计和管理会计进行高效的分析，提高工作效率及信息利用率降低成本，提升会计信息前瞻性，开展事前、事中和事后全面核算、管理。

（五）重视创新，加强会计管理人员职业素养培训

提高财务工作人员和会计工作人员的综合素质中交通运输事业单位会计工作创新的决定性因素，交通运输行政事业单位要结合行业自身特点做好职业教育，加强会计人员业务水平培训，加强思想道德建设，强化职业道德素养，规避会计法律风险；鼓励管理人员完善自身知识结构，学习先进的专业知识和管理技能，引导管理人员相互传授工作经验和专业知识，掌握交通运输行业业务管理的相关知识；完善相应人力资源考核评价体系，鼓励管理会计发挥积极性和创造性。

交通运输行政事业单位要不断改进和创新财务会计管理工作。交通运输行政事业单位要重视财务会计管理工作；规范会计工作，完善内控体系；强化监督体制建设；构建现代化会计信息系统，加强会计人员职业素养培训，不断提高交通服务水平，推进交通运输业持续稳定发展。

第三节　云计算背景下我国企业会计管理创新

随着现代社会经济和科学技术的不断发展，现代信息化已经渗透到现代人们的日常生活中，在一定程度上也促使行业之间的竞争加剧，同时对现代企业管理和发展提出了更高的要求。其中又特别是对现代企业的会计管理，在现代互联网、云会计发展背景下，现代企业会计管理发生了很大的改变，而会计管理作为企业管理中重要的组成部分，如何运用这些会计新方式促进企业的发展是现代企业管理者密切关注的问题。但是在现代企业会计管理创新和改革中还是存在着一些问题，需要对此进行有效解决，促使现代企业更好的发展。

一、现代企业会计管理信息化发展现状

（1）在现代大数据时代发展背景之下，企业在这个环境中想要获得长期可持续的发展，就必须与时俱进，将这些信息化的技术运用到企业的会计管理当中。这也是促进现代企业发展适应外部环境变化和提高现代企业管理水平以及促进企业发展的必然途径。

（2）现代企业对改革和创新会计管理模式也加大了投入的力度，促使企业会计信息化的管理有效提高。采用的主要方式是企业管理者结合自身企业发展的实际情况和需求，通过委托专业化的会计软件公司，制定出一款符合现代企业发展，并且能够实现资源优化配置的会计管理软件。然而制定出这样一款贴合企业实际和满足发展需求的软件需要耗费大量的资金投入，由于各个企业间考虑到这些资金的投入和产出，促使现代企业发展会计管理效果不一致。

（3）为有效解决上述中打造一款符合现代企业发展需求的软件需要耗费很多资金的问题，还有一些企业通过聘请专业的会计代理公司的方式解决这一难题。这种方式的运用不但可以有效地解决开发专业会计软件的资金投入，减少了企业投入的成本。专业的会计代理公司也能够促使企业管理结构的细化，避免由于繁复的财务会计工作问题导致企业正常运营出现问题。但是这种方式的运用加大了企业会计信息被泄露的风险。

二、现代企业会计管理信息化建设中存在的问题分析

（一）信息化管理观念落后

很多的企业认识到会计管理在整个企业发展中的重要性，在实际运用中也将会计管理放到重要的位置，也根据企业的发展需求建立企业的会计管理软件，但是最终的效果却没有达到理想的效果。造成这种情况的原因主要是在实际中没有将会计管理系统与企业产品的生产、销售等环节与信息化技术相结合起来，促使企业运用的会计管理系统成了一个摆设，从而降低了整个系统的作用。除此之外针对这些会计软件系统，企业中相关会计人员不知如何准确运用，降低了整个工作的效率。

（二）缺乏良好的发展环境

现代企业会计管理实现信息化的建设缺乏良好的发展环境主要是由于没有与之相配套的设施，从而阻碍了企业会计管理信息化的发展进程。对此进行原因分析主要通过以下几方面：一方面是站在我国现代社会经济的整体环境来看，市场经济的发展中缺乏有效的秩序进行规范，而我国的信息化技术发展快速，促使原有的配套设施无法与时俱进，也就导致无法对企业现有的信息化系统进行准确的衡量。同时企业在建立会计管理信息化建设时，也没有专业的机构对此进行有效指导，促使企业在建设这一系统时，存在盲目性。二方面是在企业会计管理信息化建设时，也没有相关的法律法规对此进行规范，促使在建设中缺乏法律的引导和保障。具体体现在企业在建设会计管理信息化中没有相应的法律、法规进行保障，容易促使企业出现的利益损害无法得到保障。三方面是在我国还没有完整的一套对企业会计管理信息化建设的准确评判标准，也就无法对企业信息化建设水平进行有效衡量。

（三）市场供需不平衡

现目前，在经济市场上促使企业管理实现信息化主要体现在产品的多样性，这些产品主要是从整体行业发展出发，对企业经营的模式还相对缺乏。与此同时由于企业与企业之间的不同，促使在发展企业管理信息化建设时也很难达到统一。因此就导致这些产品在实际企业中进行运用，必然会出现问题。而市场上如果没有符合贴合企业发展实际和满足具体需求的产品，企业就不得不发费大量的资金通过专业的软件公司，开发出一款符合企业发展实际需求的产品，这样产品在运用中既要符合企业的经营需求，还需要满足企业发展综合业务流程。但是运用这项方法所投入的资金是巨大的，其中又特别是对于我国发展众多的中小企业来说，可以说是不可能的。在这种情况下企业会计信息化管理就成了纸上谈兵。

三、云计算背景下提升企业会计管理信息化的有效途径

（一）加强企业信息化管理意识

提高企业管理者信息化建设意识，针对现代市场经济发展的现状，不断地学习和提升管理者自身的业务水平，并且针对企业的职工，也需要对他们进行相关知识的培训，促使员工对信息化知识的掌握和实际操作能力的提高。与此同时在企业信息化建设之前，就需要针对这一情况进行前期培训，从而提高通过专业平台对信息的有效获取。除此之外在对企业信息管理充分认识之后，针对这些信息技术，贴合企业的实际发展需求，有针对性的进行引入，促使这些技术在不同环节的有效发挥。

（二）加强企业管理信息化环境的建设

根据我国当下的信息化管理现状，制定出相应的建设标准，促使企业在建设的过程中有明确的指导方向，促使我国企业会计管理信息化建设水平的提高。

（三）完善云计算平台的设置

完善云计算平台的设置首先就需要针对企业的生产经营模式和各个业务流程环节的充分认识，通过专业的人员将这些数据信息整合到一起，最终建立起一个统一的信息平台。

第四节　贸易企业的会计管理创新

进出口贸易的发展是随着全球化的进程逐步推进的。全球化在带来机遇的同时也带来了挑战。对外贸易会计由于涉及的交易对象、交易条件等各项不同，具有很大的特殊性。但是由于进出口行业的发展速度超过了国家会计管理制度与法规与国际接轨的速度，因而在进出口贸易的会计处理中还存在着很多矛盾与问题。且各国的国情与会计传统不一致，

更加大了国际贸易中的会计管理难度。本节作者主要针对进出口行业的会计管理，探讨会计管理所面临的问题与难题，提出创新国际贸易会计管理的路径，以促进进出口行业会计管理效率的提高与标准的形成。

任何制度与法律的发展都是适应于现实的产物，落后于经济发展的步伐的。对于进出口产业尤其如此。全球化以及信息时代的发展，推动着进出口贸易高速进步。但是我国会计管理的国际接轨却难度颇大，进展缓慢。可是进出口贸易所涉及的会计管理却往往是与国际市场同步的，因而，如何处理好这两者之间的不一致，并同时做到会计信息的真实可靠是我国所有的进出口贸易公司所面临的难题。

本节作者在分析现有的国际贸易企业会计管理难点的前提下，针对性地提出改善国际贸易会计管理的创新路径，以促进进出口行业会计管理水平的提高。

一、贸易企业会计管理的难点

（一）行业准则匮乏

国际贸易会计作为新型的行业由于基础比较薄弱，所面临的环境复杂，因而缺乏相关的行业准则。国际贸易的会计处理几乎涉及世界上的所有国家，而每个国家的会计处理准则都不一样，这也加大了行业准则树立的难度。

尽管我国早在 10 年前就提出要规范进出口行业的会计准则，但是由于外部环境变化多端、涉及的对象多而复杂，进而进展缓慢，也就造成了现在行业准则匮乏的局面。

（二）会计信息不一致

因为缺少统一的会计信息纪录与处理原则，外贸公司所面临的会计信息是极其不一致的，尤其是对于运输费用与产品生产销售费用的认定等各方面。会计准则只要有一点点区别，所反映出来的信息就会出现天壤之别，更何况进出口贸易一般涉及金额较大，还要考虑外汇折算等等。

所以企业所面对的会计信息是不一致的，想要在这些不一致的会计信息中找出我国的会计目录中所对应的栏目，无异于大海捞针。

（三）人才缺乏

人才缺乏是与行业的发展背景以及我国的人才培养制度密切相关的。进出口行业所需要的人才是通晓国内外会计准则的人才，这样的人才需要有丰富的国内外会计工作经验。但是，进出口行业本身的发展尚始于 20 世纪，更不用说相关方面的人才培养了。其次，我国的会计人才培养模式属于通用型人才培养。在校园或相关机构的培训过程中，并没有针对某一特殊行业进行专门教育，造成现在国际贸易会计人才缺乏的状况。

此外，会计管理人才的职业操守尤其重要，但是现实是，我国的会计人才培养向来重技术轻道德，造成人才的职业操守不坚定，加大了企业会计管理的难度。

在电算化背景下，对会计人员的电脑操作能力与系统管理能力也提出了较高要求，遗憾的是，人才发展尚未赶上技术发展的步伐。

二、贸易企业会计管理的创新

（一）完善国际贸易会计法规

基于上述描述，我们可以看到，要想改善现有的国际贸易会计管理，首先必须加快会计行业准则的升级与完善。在完善会计准则与法规的过程中，切不可盲目的全盘吸收国外的会计管理办法。应该是在对国外会计管理办法进行整理分析的基础上结合中国的具体情况，对于应该做出修订的地方进行修订，该保留的地方还是应该保留。

此外，会计法规的完善主要是指导性的大纲性的文件，对于具体会计信息的处理，更多的还是在于企业自身对所涉及的项目的认识。

（二）加强人员培训

加强人员的培训会对贸易企业的会计管理提升产生最为直接的影响。企业开展人员培训主要包括几个方面：第一，对现有的我国会计准则的认识；第二，对主要交易国家的会计准则的认识；第三，对职业道德的认识；第四，对电算化系统的认识。

第一项对我国的会计准则与第二项对国外的会计准则的认识应该是动态持续进行的。因为为了促进经济结构的调整与适应国际会计的发展，我国的会计准则会不断地更新。因此，要积极把握住最新的会计准则，进行学习与理解，保证工作中的会计管理是符合规范的。而对于国外的会计准则的认识在一定程度上说有比较困难的。首先是语言障碍，其次是标准的会计准则获取的困难，最后是及时的更新国外会计准则挑战。正如我国一样，各国的会计准则随时都有可能发生变化，因而把握住最新的会计准则永远是最重要的。

职业道德的提升是会计行业管理永恒不变的话题。因为会计管理直接涉及企业的资产与资金，有比较大的道德犯罪诱惑性。也正因为如此，加强会计人员的职业道德培训才更加重要。

对电算化系统的认识可以通过实践与理论结合的方式来完成。在国际贸易中，得益于互联网的开放性与即时性，电算化可以很大程度上提高会计管理的效率。因此，对于会计工作人员来说，电算化的掌握也是必不可少的。

（三）加快行业管理

行业管理与会计法规的完善是离不开的。会计准则主要提供的是纲领性的方向性的指导，而行业的管理则可为会计管理提供具体的细节性的指导。通过完善国际贸易会计行业管理体系，成立行业协会，集思广益，企业积极加入行业协会，集思广益、相互借鉴，行业制定具体的会计处理制度，对于模糊性的术语进行具体解释，可以为进出口贸易的会计管理创新提供思想之源。

进出口贸易企业的会计管理相比其他行业具有较大的特殊性。目前我国的会计准则国际同步普遍比较缓慢,因而给国际贸易行业的会计管理带来较大的困难。但是通过完善相关法规,促进行业发展与创新人才培养,企业所面临的发展空间将更大。

第五节　管理会计的变迁管理与创新

进入 20 世纪以来,世界整体经济呈现出飞速发展的态势,特别是从第一次世界大战之后,美国的许多企业中就推行了科学的管理模式来提高企业的生产效率和工作效率。而在企业的科学管理的过程中,"标准成本"、"差异分析"以及"预算控制"等方法也逐渐被引进到成本会计的部分中,并在此时有学者就提出了"管理的会计"这一词汇。第二次世界大战之后,世界市场之间的联系日益密切,经济获得高速的发展,为了进一步提高企业的竞争力,世界范围内的各企业开始广泛地实行职能管理与行为科学管理,有关于"责任会计"与"成本—业务量—利润分析"等专门方法也应运而生。1952 年会计学会年会上正式通过了"管理会计"这个名词,标志着管理会计正式形成。近年来,管理会计无论是在国外还是国内都获得了高速的发展,其相关的理论和实践也在不断创新。人们始终用发展的眼光、全局的观点和战略的重点进行管理会计的理论与实践创新。而高级财务管理人才更是受到世界 500 强企业的大力推崇。本节通过对于管理会计在我国的变迁管理概念进行分析,进一步深入了解管理会计的变迁管理作用,实现新时期、新发展下的管理会计自身的理论和实践创新对策分析,进而促进企业在激烈的市场竞争中获得自己的发展,取得一席之地。

一、管理会计变迁管理的现状分析

(一)管理会计变迁管理认识

一般来说,企业在发展过程中,企业的财务管理状况都是根据管理层的需要,并在财务会计做出统计数据工作之后,由管理会计使用相应的科学技术对企业的生产前景进行预测,进而参与到企业的整个管理活动之中。管理会计在整个企业的发展构成中发挥着至关重要的作用。管理会计针对企业在生产和运营过程中的得到产品、数据记录并进行分析、计算和评价,从而为企业在最后进行经营管理决策的关键环节中提供准确的分析数据和前景预测。最终提高企业最大的经济利润以及增加企业在生产、经营以及管理等环节的工作效率。在企业的财务管理过程中,管理会计通过为企业经营管理的目标前景提供分析和评价,把握企业的资金流向,为企业实现自身的经济价值发挥重要作用。

(二)社会发展下的管理会计变迁方向

随着近年来世界经济高速发展,企业要想顺应社会发展潮流,实现企业的自我发展,就需要做到自身的结构调整以及相关专业人员素质的整体提高。而管理会计在企业的发展过程中又发挥着重要作用，因此，企业对于管理会计的工作素质以及管理会计自身的自我发展都提出了更高的要求。管理会计更需要将自己的工作结合企业的自身实际情况进行调整，并且增加管理会计自我提升的方法，对原有的企业内部会计流程进行调整和改变，对管理会计进行"拔高"的会计操作技术培训，为管理会计人才提供自我提升的空间。另外企业还需要加强企业内部会计软件的更新，提供更流畅的硬件操作基础环境，进而提高会计管理的效率。

从我国进入"十三五"发展时期以来，我国经济发展也呈现出新的发展态势，从高速增长的经济发展状态中走出来，中国经济高速增长的态势发生了转变。而在此状态下，对于企业的发展也做出了新的时代要求。质量、创新、核心竞争力越来越成为一个企业想在激烈的经济竞争中获得一席之地的重要内容。因此企业内部组织建设的调整，特别是企业管理会计由于企业发展的核心思想变化而产生直接的变迁管理也为企业的发展提供了重要的推动力。

而我国会计制度的调整也为我国管理会计的变迁管理提供了动力。特别是在 2017 年，我国就对企业的会计准则进行了修订。此次会计变革的特色之一就是全面的预算管理，由此加快了我国的管理会计的变迁进程。管理会计必须要根据变革之后的会计制度做出相适应的会计事物方面与会计管理方面的改变，才能实现会计制度的真正变革，进而为企业创造出更多的财务价值。

二、创新管理会计变迁管理的对策

随着经济发展的需要，一个企业要想实现自身的发展就必须要优化内部结构，提高自身的价值内涵。面对当前激烈的竞争局势，企业在管理会计的变迁管理方面不仅仅要看到当前政治、经济、文化环境对其的要求变化，还要学会取长补短，从国内外优秀的企业经验基础上借鉴，将企业的管理会计变迁管理符合自身的特点，又能够帮助管理会计推动组织变革的转变。

（一）对企业的经营系统制度进行创新

一方面在现代的管理会计的变迁管理环节中，一定要实现企业自身的内部结构优化。从当前的企业生产经营模式出发，对比优势企业的子系统结构组成，促进自身企业的资源优化配置。另一方面，采取科学化的会计制度，创新会计制度的模式，通过管理控制以及相关的信息支持系统的创新升级和完善，能够确保企业稳定的生产经营系统运行，并帮助企业提高经济收益。因此在管理会计的变迁管理过程中，促进企业内部系统组成的优化资源配置并建构科学的生产、经营、决策等方面的经营方式，实现企业可持续发展的经营系统制度的创新将有利于企业在确保经营系统安全的基础上，实现企业自我经济价值的实现，提高企业的经济效益。

另外，企业各个部门之间也应该明确相关职责，规范、有效地进行会计管理工作。为进一步减少会计在核算方面出现的问题，要加强信息共享，如采购部和销售部之间工作需要加强联系，会计人员通过对两个部门数据的关联性，进行数据合理性的分析。因此在促进管理会计变迁管理过程中，要加强部门之间分工与合作的关系，增强会计工作中的信息和数据的准确性。

（二）提高专业人员的职业素养和职业技能

完善的企业运行结构是企业在发展过程中的基本骨架，但是真正在企业中发挥作用的工作人员才是企业创新发展的血肉。企业内部的专业财务管理会计人员的选择与日常工作更需要谨慎。另外还要加强对于管理会计专业人员的职业素养以及职业技能等相关方面的考核，并给予专业人员自我提高的发展空间，例如企业可以在内部进行专业的培训，促进管理会计的专业技能适应当前社会发展的要求。而且也需要加强专业人员对会计软件的更新使用多加重视，并且要逐步提高其对于会计业务的处理能力。特别是专业人员在日常的相关信息数据处理过程中还需要加强对于其记录数据的准确性要求，支持并鼓励管理会计方面人才的自我提高，激励其专业技能的进步。

（三）决策多关注外部环境

由于国内外形势变化非常快，作为企业大脑的决策者，更需要关注社会各界的客观政治、经济、文化等环境的变化，让有关管理会计变迁管理的相关决策也能够跟随时代的脚步，具有前瞻性。企业所受的外部环境在不同程度都会对管理会计变迁管理的类型和内容造成一定的影响，因此管理会计变迁过程中必须要高度重视环境因素的变化，管理会计既要依据会计信息的内容进行科学的调整，也需要管理会计在变迁管理过程中注意会计信息的应用反馈，加强修改和完善。

管理会计在企业的会计部门发挥着非常重要的作用，因此，在企业发展过程中，无论是企业的决策者、还是管理会计人员、企业的生产经营制度都要加强对管理会计的变迁管理创新，只有通过创新企业的制度、加强专业人员的职业素养和技能培训、拓宽其业务范围等方式，才能增强企业管理会计变迁管理的效果，促进企业的快速发展。

第六节　移动互联网下的管理会计创新

据工信部统计，截至 2017 年 4 月末，我国移动互联网用户总量为 11.5 亿户，并且这个数量仍然随着无线通信技术的持续进步而不断增大。在移动互联网的新经济形态下，传统的经济发展常态面临着颠覆，企业如果不进行自我变革来顺应时代发展，将被淘汰出局。所以移动互联网时代需要更高标准的精细化管理，并且精细管理的范围不只在企业内部，还延伸到完整的供应链。管理会计作为企业精细化管理的一种工具，已经被证明对企业管理的提升及价值创造有着很大的良性推动作用。在移动互联网时代，传统类型企业不会被新型互联网企业所代替，反而是接受互联网化，企业管理的核心并未变化，仍然是人财物、产供销的管理方式，但管理的观念、模式、工具和方法却产生了质变。

在移动互联网时代，企业管理水平、财务与非财务活动决策、收入能力、成本控制、企业市场回应速度等方面得到了巨大的提升，这些得益于互联网技术的进步。管理会计的创新，将推动我国企业管理从"以生产为中心"、"以产品为中心"、"以客户为中心"的管理理念向"以价值创造为中心"变化。

一、移动互联网促进管理会计本质和目标的实现

（一）管理会计的本质

管理会计的本质是，通过运用财务会计系统所提供的资料进行再加工，进而形成更高层次的管理信息，为管理者提供规划未来、经营决策、控制过程、考核评价各责任单位等职能，是一种经济性、长期性、决策性的企业管理活动。但是这在以往很难实现。

移动互联网的不断发展，带来了大数据的涌入，也带来了生产制造环节的物联网数据以及企业外部的移动互联网数据，这些新型信息都将变成为企业创造价值的关键。企业可以通过搜集、整合、处理和再利用移动互联网数据，完成资源优化配置、预算管理、风险管理和实时决策等功能，真正实现管理会计活动的本质。

（二）管理会计的目标

管理会计的目标是，强化企业内部经营管理，为提高经济效益而服务。以往管理会计所能获得的信息，集中出自信息主体和内外部环境带来的传统结构化数据。但是移动互联网技术越来越普及，Email、voice、video等半结构化和非结构化数据，也逐步成为企业可利用的有价值的数据信息。因此，移动互联网时代的管理会计可以帮助企业挖掘出信息源中的有效信息，使信息供需双方互通信息，消除不对称信息，最小化信息交易成本，最后完成提高会计服务水平的目标。

二、移动互联网对管理会计的影响

会计信息是企业内部管理所要求的最重要的资源，是企业决策支持系统中最关键的组成要素。国内市场与国际市场经济环境和体制的不断发展和完善，导致企业竞争愈加侧重于加强内部管理的精细化，而开展管理会计工作就是管理精细化的核心内容。当前，移动终端的普及使用和移动互联网用户的爆发增长，给企业管理者带来了海量的需要集中处理的大数据，而这一定会给管理会计带来深刻影响，这主要表现在以下几个方面。

（一）技术进步对管理会计的影响

移动互联网时代，技术进步主要体现在大数据和云计算方面。管理会计活动中，企业

管理层对优化配置资源和合理决策负有责任，可以合理判断、决策和评估现在和将来的经济活动。在移动互联网时代，由于大数据云计算技术的与时俱进和普及，为企业做管理会计时的最优化销售预测、实时财务决策等方面，给予了更加可信赖的基础和更大的可能。

以往的财务分析全都是根据结果进行，换句话说，就是用现有结果数来决定未来的经营方向，这样的分析是片面的，难以达到最优。企业管理者实施经营管理决策活动所需的数据几乎全部来自企业内部产生的数据，比如资产负债表、利润表和现金流量表中的数据，但是依据一系列财务报表计算出来的财务指标，不能全面地表现出其组成业务数据之间的内在逻辑。

现在，通过利用移动互联网，管理会计则可以将对结果的分析和对导致此结果的原因的分析贯通起来。例如，站在业财一体化角度，层层分解传统财务报表分析的各种财务指标，搜寻到采购、销售、存储等等业务环节的业务数据变化对财务指标的影响，并且实时分析其各部分数据的构成部分，如销售业务单据上的商品价格、种类等对财务指标的影响，进而使管理会计完成了一大转变，即做到随时随地从结果出发的分析向从过程出发的分析，如此便会有利于企业更好地进行事前预测、事中控制和事后评价。再有，大数据云计算带动了财务职能转型，给企业财务管理带来了新的工具和方法，如财务共享服务为财务转型奠定了数据基础；与此同时最大化地增加了管理会计所需要的数据来源和范围，包括结构化数据和非结构化数据，从此能够给企业的每一项管理决策带来愈加全面可信赖的数据基础。最后，依赖于移动互联网的外部商业环境和不断创新的内部商业模式，管理会计人员将有更多机会进入企业前台的运营和管理活动中，将有利于加强企业内部控制，达到企业价值增值的目的。

（二）数据收集和加工方式的改变对管理会计的影响

以往的管理会计数据收集来源、渠道和平台少，数据类型单一，多数为结构化数据。并且在数据库模式中，企业每一个部门都拥有自己的数据处理中心，不同业务系统就像是信息孤岛一样，这样的局部意识缺乏整体观念，影响了信息的共享水平。

在移动互联网时代，数据收集的来源、渠道和平台以及数据类型呈现多样化的形式。目前，随着手机的普及和迅速发展，社交、电子商务、音频、视频等软件中存在着海量的数据，它们几乎都是非结构化数据。在社交软件上，甚至一些手机游戏上，客户经常写下本人对产品或服务的使用感受，消费者的所有评论、感情评价就是企业非结构化数据的关键来源。显而易见，移动互联网时代管理会计在数据收集来源、渠道、平台和类型等一系列方式和内容上产生了深刻的影响。但是海量数据的涌入，需要企业去进行筛选，这将给管理活动带来巨大的难题。

再有，随着移动互联网的深入推进，企业将慢慢淘汰孤岛型管理模式，这将会极大地加快信息的传递。比如在存货管理过程中，生产制造部门可使用手机实时查询在产品所需的原材料量，快速处理库存量和缺货量的问题，并及时通知采购部门采取进一步的采购措施。企业还可以建立与供应商之间的移动信息网络，及时向供应商反映缺货信息，这样会最大限度地减少缺货损失，达成双赢。可见，移动互联网深深改变了管理会计数据的加工方式。

（三）工作内容的改变对管理会计的影响

将移动互联网运用到各种管理会计工作中时，便带来了相关的管理会计工作方式和内容的改变。变化的工作方式和内容集中体现在决策、预测、预算、控制、核算、分析和考核及战略管理等方面。在决策、预测和预算管理方面，移动互联网给予了有力的支撑。传统企业投资决策多是依据较少的渠道收集的相对正确、数量偏少的数据实施投资决策。移动互联网时代的企业投资决策综合运用了线上和线下数据、历史资料和现时的业务数据、企业上下游供应链数据、消费者数据、竞争对手数据、财务数据等所有可以收集到的数据，之后做出最优化的决策。

移动互联网也会给管理会计的控制、核算、分析和考核等方面的工作带来有利影响。企业可以更加有效地实施责任成本会计，成本中心、利润中心和投资中心可以依据移动数据仓库中的数据和运用挖掘技术制定责任预算、精确出实际中心数据以及有关的市场数据，比较实际数据与预算数据的区别，就可以考核、分析各中心的业绩。

移动互联网将更加有效地支撑管理会计战略规划和执行工作。移动互联网时代经济社会瞬息万变，因此需要管理者及时而准确地对战略管理做出变革，充分分析产业链及价值链的变化，满足迅速对环境变化做出反应、预测变革的到来和领导变革的发生等要求。战略的变化将集中体现在网络营销战略上。企业将会有效利用营销数据库，深入分析移动互联网带来的各色数据，制定战略会更加侧重于顾客关系再造，定制化营销和建立网上营销伙伴。

（四）技术安全性对管理会计的影响

移动互联网仍然处于进一步开发阶段，因此其应用于管理会计活动也会带来一系列技术安全风险，比如数据安全、运行环境安全、风险评估和安全监督等风险。首先，移动设备自身安全性并没有达到绝对安全的水平，存在各种各样的恶意信息、应用传播，加之用户安全意识不足，并且缺乏权威引导，很容易引发管理会计活动的数据安全问题。其次，移动互联网时代，管理会计信息多放在云端，那么云服务商的安全体系就显得十分重要，云服务商能不能提供安全的运行环境仍待考察。再有，移动互联网方面的安全指导标准和风险评估体系并未建立健全，无法科学合理地对管理会计活动进行风险评估。最后，移动互联网需要快速识别和预警恶意网络袭击，并且要求在不泄露用户管理会计信息的前提下，加强内容监管，而这些问题仍在解决中。

三、移动互联网时代管理会计的创新路径

（一）管理会计信息化技术的创新

不断增加大数据云计算技术在管理会计中的应用，提高管理会计的决策有效性。在移动互联网时代，管理会计工作人员只有在海量的数据中找到并且整合出高价值的信息，才会为管理者提供支持相关经营活动、投资活动的信息，增强管理会计工作的决策支持作用。新时代背景需要企业在管理实践活动中更加熟练地利用管理会计，大数据云计算与管理会计的融合，要求利用新方法研究管理会计，这一定会推动管理会计进入新的发展阶段。

（二）管理会计数据加工、分析利用方式的创新

移动互联网数据共享中心会促进完成企业信息的共享。在共享中心对数据完成收集和整理后，使用者可以随时随地对处理后的数据进行进一步加工，找到有价值的数据并加以整合和运用。这一处理过程称为数据的挖掘。传统加工方式只是针对结果，利用单类型结构，并且抽样期限较长。这种方法已经不会在移动互联网下存活。数据挖掘的核心价值已经变成全过程、全体、实时的数据处理。在移动互联网时代，需要企业采用一些新的数据处理技术或算法，以达到更快更准确的效果。

（三）管理会计工作方式与内容的创新

网络技术的不断发展，非结构化数据的不断增长，使传统的经营预测在新的时代背景下，变得过时。因为在经营活动中仅依据历史上的销售数据进行统计分析，只会得出消费者过去的购买习惯，并不能精确推断其将来的购买意愿。管理会计工作要适应环境，将移动网络上消费者的各种评价收集到数据仓库，使用数据挖掘技术提炼有用信息，便可对下一代产品做出有方向性的改善，也有利于企业制定出更有预测性的销售推断。在预算管理方面，移动互联网数据可以合理编制利用大量历史数据和模型的全面预算，并且进行实时控制，及时修改。从核算上看，可以通过管理会计核算数据中心，有目的的积累有关的核算数据，给管理会计的预测判断和进一步决策以及达到最优化控制提供数据支撑。

在执行战略管理会计工作中，企业可以利用移动互联网数据分析企业内部和外部环境，运用SWOT方法分析企业的自身特点，拟定适合自己的战略；并且利用数据分析实时监督战略的实施过程，确保战略的顺利推进。以客户战略管理为例，通常来说，开拓新客户市场要比保留现有客户花费的成本更高。随着经济的发展，人们要求的产品和服务质量更高，个性化更足，所以说实施有效的产品和服务顾客战略，保留现有消费者市场也成为企业管理会计需要解决的问题。企业只有全面了解顾客使用习惯和意愿，才可以向顾客提供他们满意的个性化产品和服务，保留或增加更多的顾客。

（四）管理会计思维的创新

有学者认为，移动互联网时代思维上的革命展现为在思维上认为数据并不是随机抽取

的样本，而是整体数据；数据不是精确性，而是混杂性；数据没有滞后性，而是即时更新。因此，管理会计的理解思维在移动互联网时代将继之发生创新。许多研究者认为，管理会计在数据思维上要从依赖结果的分析向挖掘过程转型，从依赖单类型的结构化数据向多类型数据转型，从阶段性月度季度报告向实时报告转变。管理会计思维创新集中表现在，对数据的搜寻、储存、进一步加工处理等工作中，要在全面性、多样性、时效性、相关性上进行分析、整合、推断、预测。

（五）管理会计理论研究的创新

管理会计是中国企业适应经济发展和互联网技术发展的重要工具，在中国经济的转型升级中起到着关键作用。可是当前阶段对移动互联网背景下管理会计理论研究的文献数量极少，并且还未具有中国当代特色的管理会计理论体系。因此，强化管理会计理论与实践应用研究的创新已经箭在弦上。

管理会计在移动互联网时代最关键的特点是吸纳了更多的数据信息，这些管理会计信息将涵盖企业内外部环境中的各种信息。企业需要收集和处理的数据量会变得越来越大，种类会越来越丰富，结构也会越来越复杂，这给企业达成管理会计目标带来了很大的挑战。本节探讨了移动互联网下企业管理会计的创新，努力帮助企业更有效地完成管理会计职能，不断提高企业。

移动互联网技术的不断成长提高了管理会计人的工作效率，并且给他们带来了更高的胜任感、主动权和自豪感。但是，这也给管理会计人的知识结构、知识管理技能和战略管理技能带来了新的挑战。移动互联网时代把管理会计人从简单枯燥的核算工作中解放出来，开始侧重于企业的管理活动和财务决策活动。移动互联网带来的技术变革和时代变革为会计人提供了更为广阔的职业发展空间，会计人会有更多的机会参与到辅助企业决策或直接参与到企业管理活动之中。

第七节 数据驱动时代的管理会计创新

管理会计主要指通过管理创造价值，在企业的风险预警、预算控制、前景预测等过程中发挥重要作用。作为财务会计分支，能够为企业经营决策、管理等提供价值信息；对此，财务会计的规范性，直接决定了管理会计的作用发挥。围绕企业实际情况出发，借助全员力量，是应对数据驱动时代企业管理会计创新、转型的关键，以带动企业可持续发展。

一、数据驱动时代管理会计创新的意义

管理会计在企业现代化发展中的作用越发突出，是提高内部管理水平、财务预算的能力、外部经营效率、资金运动能力与市场占有率必不可少的。数据驱动时代的管理会计工

作，可稳定企业人力资源基础，应对消费者、客户的效果更加理想，能够与市场形成互动平台，提高主体信息传输的效率与安全性。更利于企业挖掘潜在客户需求，全面了解企业生产与管理现状，从而实现企业资金合理利用，以及财务规范管理。企业借助云技术、互联网技术等，能够带动会计管理体系的优化，提高会计人员的业务能力与综合素养，使其知识结构体系更加完善，从而为企业长足发展助力。

二、数据驱动时代管理会计转型存在的问题

（1）信息安全隐患。企业发展离不开市场信息的收集，信息内容涉及发展规划，以及客户等核心信息，信息一旦泄露，会使企业出现严重的经济损失，甚至是致命性的打击，如客户信任度降低、企业形象降低等。

（2）信息处理难度增加。数据驱动时代的信息发展迅速，数据动态性变化特征越发明显，企业整理庞大数据量的难度与强度悄然发生转变。管理会计虽然能够筛选冗余数据，精选出价值信息，但信息收集、处理技术相对滞后，数据模型体系、信息系统的完善程度，以及数据筛选成效等，严重落后于数据变化速度，导致数据分析结果缺乏真实性与实用性，尤其是在企业经营决策中的应用价值不断降低，综合竞争力不断下降。

（3）人才储备不到位。数据驱动时代下的企业管理会计创新，对人力资源基础要求较高。但实际上，企业对管理会计专业人才相对缺乏，从业者的法律、审计、金融等学科综合知识，宏观决策能力与计算机网络技术掌握相对欠缺，导致企业管理会计工作发展停滞不前。究其原因与大数据技术应用，以及人才培养意识落后有关。

三、数据驱动时代管理会计的创新对策

（1）强化管理会计安全性。在数据驱动时代，企业稳定及其规范的内部管理，是管理会计工作成效提高的重要前提，以提高会计整体的时效性、安全性。借助互联网云技术，提高数据处理质量与效率，将信誉与实力佳的客户，制定长期合作发展关系，本着安全合作的原则，合理选择合作对象，同时做好事前的调查工作，有效规避企业安全隐患。互联网开放环境中信息安全风险高，企业的管理会计工作，应当加强防御体系设立，利用防火墙、数据加密技术、权限访问等方法降低数据传输风险。数据加密处理由专人监管，确保数据收集处理成效。积极围绕企业发展战略目标，制定行之有效的发展对策，切实提高会计信息的完整性、安全性。充分发挥管理会计的作用，如风险预测、过程控制、预算控制等作用，确保资金链的合理周转，并尽可能地降低人文风险因素影响。

（2）加强管理会计信息化建设。在管理会计实践中，应当加强财务管理软件的应用，以及功能的开发利用，如 ERP 系统，应当加强系统的升级，缩小其与国际化管理软件间的差异，包括实践模型、工具方法、理论知识等。不断拓展财务管理功能，填充内部财务信息，如税收、市场等信息，实现多方面信息整合，为管理会计模式转变，以及系统应用

成效提高提供基础保障。ERP 财务管理系统，涉及销售管理、人力资源管理、固定资产设备管理、总账管理与财务分析等功能模块，为企业管理会计升级奠定了基础。

数据驱动时代促使着财务转型，面对该种形势，应当加强企业战略承接，设置共享、业务与专业的财务格局，切断挖掘财务人员潜力，及其专业价值发挥。基于专业财务角度分析，主要通过设立流程，以及优化标准，以驱动业务拓展价值。基于业务财务角度分析，尤其是融入业务单元的财务人员，应当与业务人员加强协作，通过调配资源，或是显差等措施，达成业务单元目标，切实向业务驱动，以及领导行业方向迈进。基于共享财务角度分析，为设置规范化的管理业务流程，需要合理运用会计语言。同时还需综合评定项目资金，以及经营生产活动，了解创新点与改进项，确保数据合理应用。除此之外，还需通过互补等方式，实现数据资源整合，以分散形式分析数据资源，带动信息管理系统完善。作为管理会计人员，应当能够为企业制定行之有效的生产销售计划，确保数据整体应用价值，以及资金的合理流通，切实发挥管理会计引领作用，带动企业创新化发展。推行平衡计分卡、全面预算管理等工作模式时，财务管理部门应当加强引导。协助其他部门做好财务数据调查、收集与处理等工作，设立分析模型，加强信息化建设、维护，实现管理信息共享，利用资源管理系统、半功自动化系统等工具，提高企业应变能力。

（3）加强人才建设。首先作为管理会计工作人员，应当积极转变责任理念，同时应具备一定的创新意识，尤其是领导层、管理层，应当加强对管理会计创新的关注，在日常经营管理中，贯彻执行大数据管理模式。同时要求从业者，不断提高自身的修养，转变各部门的会计观念，切实提高企业管理会计的地位。在管理会计实践中，还需加强业务范畴拓展，灵活使用软件工具、大数据思维展开管理会计工作，有效解决企业发展难题。其次加强管理会计团队设立，积极聘用高素质人才，要求其熟练利用计算机网络技术，能够从庞大的数据量中提取价值信息，为企业决策提供价值依据，从而带动企业管理工作规范化与创新化展开。除招贤纳士外，还需加强培训。为人才提供晋升、评优等发展空间，或是请专家介入指导，组织展开研讨会、交流会等，或是鼓励优秀员工进修学习，不断提高自身的综合素养。企业培训应当注重因人而异，尤其是非管理会计专业者，以及新入职员工，制定差异化、层次化的培训计划，完善其知识结构体系，提高其业务能力与综合素养，从而轻松应对岗位工作，实现日常培训常态化，确保员工身心处于最佳工作状态，全面提高工作成效。

改革开放四十年来，企业展开管理会计工作越发成熟，实践经验不断积累，应对数据驱动时代的改革创新发展应对更加自如。但实际上，取得理想成效的企业微乎其微，改善社会发展环境的同时，还需企业加强创新能力，不断提高管理水平，切实发挥管理会计职能与作用。在实践摸索中创新管理会计，以有效应对企业在经济转型升级中的问题，从而带动企业健康发展。

第七章 现代管理会计的创新研究

第一节 嵌入区块链的跨组织管理会计创新

随着经济全球化进程的加剧和新兴技术的快速发展，企业越来越重视跨组织的商业关系。企业行为外部性持续增强，战略联盟、合资企业、产业共同体等特定的组织间关系不断萌生，跨组织管理会计关注的对象从企业内部活动转向企业间活动，服务于跨组织整体的价值创造和竞争力塑造。区块链作为一种具有普适性的底层技术框架嵌入跨组织管理会计，将依托庞大的分布式信息网络发挥巨大的潜力。本节提出嵌入区块链的跨组织管理会计创新包括四个方面：主体结构和制度安排、嵌入区块链的成本协同管理、预测与决策分析、组织间合作的绩效评价。

当前管理会计领域具有很强的独特性和复杂性，业务数据处理难度高，中心化的业务架构和业务规则效率偏低，预算、决策、成本管控和绩效评价过于依赖企业自身的财务数据，以及过于局限在企业内部组织等问题，都在一定程度上阻碍了企业的发展。而在当今市场经济环境和新的企业管理环境下，智能化、数字化和网络化极大地提高了企业生产效率并降低了生产成本，重新构建产业链和供应链体系，加快金融、资本市场交易速度，提高市场资源配置功效，对管理会计的创新发展提供了广阔的空间和机遇。作为一项新型互联网技术，区块链凭借其分布式架构、去中心化、高度透明、不可篡改和可追溯等特性，迅速步入公众视野，在各行各业和实体经济领域不断开展各项应用以推动产业升级。管理会计未来的发展要为企业在生产创新、市场创新及组织设计创新等方面提供信息支持，那么以大数据为依托的区块链技术对管理会计体系的变革无疑是开拓性和创新性的。

此外，全球市场竞争的加剧和企业跨组织环境的发展，促使企业愈发倾向于寻求不同形式的外部合作。诸如战略联盟的跨组织合作形式在新的竞争环境中具有独特的潜在优势，例如较高的柔性和适应性、能够有效降低风险以及利于学习新的知识和技能等。显然，跨组织合作会进一步导致企业对相关数据的要求及对合作伙伴的信任问题日益突出，嵌入本质即为建立信任的区块链将十分必要。可见，基于区块链技术的跨组织管理会计将是一个客观、透明的信息生产、传递和利用平台，支持跨组织的多方主体共同鉴别和确定价值驱动因素，借助区块链及时获取价值链上的经营活动信息、价值创造信息、企业盈利信息等，并据此进行组织经营活动的再规划与管控。

一、区块链的技术属性及应用现状

（一）区块链技术属性

根据工信部 2016 年发布的《中国区块链技术和应用发展白皮书》的定义，区块链（Blockchain）是分布式数据存储、点对点传输、共识机制、加密算法等计算机技术的新型应用模式。换言之，区块链是一个没有中央控制点的分布式对等网络，是可以实现一组不可篡改、可追溯且值得信赖的数据库技术解决方案，在没有权威中介协调的情况下，区块链可以允许彼此不信任的人交换信息与价值。因此，区块链常常被誉为"创造信任的机器"。

目前，根据开发对象的不同，区块链技术有三种类型。①公有链，即完全去中心化，完全公开透明，没有权限设定，节点可以随意加入或退出，任何人都可以读取信息和进行交易的区块链。例如，企业管理会计中生产、销售、业绩评价等基础性业务可应用公有链。②联盟链，即部分去中心化，具有一定的权限设置，对一个特定组织开放，适用于多个成员角色共同参与、共同分布式记账的区块链。例如，企业管理会计中有限个参与者间的战略联盟可应用联盟链。③私有链，即集中控制，需要身份认证和权限设定，只对单独的实体开放，仅在组织内部使用的区块链。例如，企业管理会计中内部审计、战略决策等深层次业务可应用私有链。相对比而言，公有链的开放性更强，数据完全公开透明，用户权益可以得到更好的保护；联盟链由多个中心控制，每个节点对应一个实体机构，基于共识机制协调工作，验证交易需联盟内部决定；私有链只需少量节点进行验证，交易速度快，交易成本低。

（二）中国企业基于区块链技术开展的具体实践

新兴技术须赋能实体经济才能创造价值。区块链作为一项重大的技术创新，不断从理论走向实践，聚焦其分布式架构、去中心化、去信任、不可随意篡改等特性，探寻真实世界的应用场景。近年来，网络的发展和科技的进步不断推动着产业升级，我国各行各业纷纷开始探索嵌入区块链的创新实践，在区块链应用领域不断迈出实践性的每一步。例如，中化集团已实现基于区块链的石油国际贸易。2017 年 12 月，中化集团能源互联网小组应用基于数字提单和智能合约两大支撑、以透明高效和安全稳定为特点的区块链技术，完成从中东到中国的原油进口业务。这笔中国首单区块链原油进口交易，成功实现了交易执行效率的大幅提升与交易融资成本的有效节约。2018 年 3 月，中化集团旗下中化能源科技有限公司继而应用区块链技术完成从中国泉州到新加坡的汽油出口业务。这笔全球首单有政府部门参与的区块链项目，不仅突破了石油贸易区块链的场景落地，而且是全球首例在区块链中涵盖了大宗商品交易过程中多方参与主体的应用，参与主体包括中化集团下属子公司、中国检验认证集团、海关、银行、船东及货代公司等。中化集团先后两次基于区块链技术开展原油进口业务和进行成品油出口交易，标志着中化集团在区块链技术领域的深度应用，以及在能源化工进出口贸易领域嵌入区块链的成功检验。值得注意的是，此次跨境交易的多方参与主体，尤其是海关在区块链网络的共同参与进一步提高了时间效率及交易执行效率。此次跨境交易的数字化流程，尤其是各项合同、订单、票据、汇兑、监管等的数字化信息记录与流通，更是依赖于不可篡改与伪造的区块链网络，进一步提高了各个环节的效率和安全性。

另一案例是四川长虹基于区块链的跨平台互联方案。2012年，长虹提出拥抱互联网的智能化战略与业务转型，下属子公司四川虹微技术有限公司提出"基于区块链的物联网跨平台互联服务"方案。总的来说，该方案共涉及五个类型智能合约的组合使用，包括物联网护照合约、激励规则合约、信任规则合约、平台互联合约和用户场景合约。该方案在以区块链为底层技术支撑的物联网环境下，构建区块链网络中不同平台和设备之间的信任关系，每个智能设备都将依据物联网护照合约得到一张"物联网护照"。如果用户需要设备跨平台互联，响应平台会根据互联合约为触发平台签发签证，每台设备都会由信任规则合约基于联动历史进行相关授权访问，每次联动操作的执行都将作为信用管理的基础和激励机制的依据，放入激励合约以保持平台之间的有机生态平衡。值得注意的是，该方案主要借助联盟链实现跨平台联动，即实现运营服务平台、监管机构和检测机构等多个主体之间的数据互联互通与信息共享，借助可编程和自动执行的智能合约，达成多个业务主体间的联动合约组合，即达成一系列各方意志公平体现并可安全有效执行的合约。

类似于以上的区块链应用案例，至少传递出两个方面的信号。一是区块链技术是大数据时代的新型互联网技术，体现的是一种全新的"分布式"思想，会给企业的经营和管理带来独特的技术支持，对企业重构价值流通链条，进而实现信息与价值的同步传输起到关键作用。二是理论界经常提及的企业管理会计常聚焦于组织内部的管理活动，而在区块链和跨组织关系的影响下，其定义边界越来越模糊，过于局限的概念内涵无益于管理实践。因此，企业跨组织管理会计理论与实践必须思考区块链技术带来的挑战与变革。

二、跨组织管理会计嵌入区块链的结构性挑战

在新经济环境下，基于技术创新的需求以及企业行为外部性的加强，源于外包决策、价值链分析和跨组织主体选择等的跨组织关系不断形成，企业间合作更多地体现在诸如战略联盟、战略网络、企业间合作关系、战略供应链等形式的特定组织关系间，而该关系往往建立于公平交易和纵向一体化的基础上。管理会计要为企业管理者组织、规划和控制企业的经营活动提供信息，在跨组织关系环境下，势必要将关注对象从企业内部活动转向企业间的活动。

区块链技术应用的标准化和平台化会引发跨组织管理会计的深刻变革。一方面，嵌入区块链的新型跨组织管理会计将具备两大特征。多主体业务交易，嵌入区块链的跨组织管理会计，将打破传统组织边界，表现为跨组织的不同参与主体之间进行的业务交易模式。

基于信任的治理模式，区块链技术的智能合约功能能够促使交易的自动执行，且合约内容会在全网进行传播、备份与记账，提高信息的准确性和真实性。此外，区块链网络本身能够保障某个节点出现虚假信息时，立即被其他节点发现并排斥，由此有效解决各项业务往来中的信任问题。在发生管理侵占问题时，信任有助于提升合作各方的置信程度，降低机会主义行为。另一方面，嵌入区块链的新型跨组织管理会计将呈现出三大变化。去中心化。区块链技术采用分布式记账的表达方式，由大量均等的节点组成链条，实现点对点的直接交易。依托大数据。区块链网络中的各项信息均可转化为数字表达，呈现出依托大数据的背景特征。可追溯性。每一区块中所发生的每一笔交易都会完整记录并传播、备份到各个节点。这些信息被永久储存并可实时检索与追溯，极大地保障了数据的可靠性和信息的安全性。

关于跨组织关系和组织网络的理论研究，当前主要集中在四种主流观点：交易成本理论、资源基础理论、权变组织理论和社会资本理论。交易成本理论强调利用价格机制的替代实现交易成本的节约，以及参与跨组织合作的各方为防止其他方的机会主义行为而采取的自我保护。资源基础理论强调资源的稀缺性与重要性，强调企业通过控制资源来获得可持续竞争优势的途径，跨组织合作会涉及需不同主体共同完成的工作，进而会涉及价值分配问题。因此，需要一种确保联合产出价值得以合理分配的机制，各方的资源不同会导致分配机制不同。权变组织理论涉及合作的多方业务主体，各业务主体之间共同确立工作模式会导致相互依赖性的产生，在涵盖大范围产品与服务的网络式合作关系中，需要遵循组织边界进行相应的协调与匹配，而协调与匹配问题随网络复杂程度的增加而加剧）。社会资本是"嵌入在个人或社会所有网络关系中的、通过关系网络可以获得的所有资源的总和"。可见，社会资本理论包含网络联系、信任、合作和价值规范等关键部分。在网络式合作关系中，该理论不再局限于关于物质资本和人力资本的分析，更多的是关注到能够带来更大资本价值的信任、规范问题。

区块链技术的嵌入将极大地挑战着现行跨组织管理理论基础的整合。这些挑战主要集中于对跨组织管理实践的指导，包括：主体结构和制度安排的变化；嵌入区块链的成本协同管理；依赖信息共享的预测与决策分析；组织间合作的绩效评价。本节主要从理论服从于管理实践的立场，关注当前理论基础局限性，研究嵌入区块链的跨组织管理实践创新。

三、嵌入区块链的跨组织管理会计创新要点

（一）主体结构和制度安排

传统的企业管理会计通常由其内部组织结构，诸如成本中心、收入中心、费用中心、投资中心、利润中心等责任中心形成逐级控制、层层负责的科层体系或矩阵式结构。阎达五曾指出，单个企业是集价值链信息和时间序列信息为一体的成本管理主体。但在市场化竞争不断加剧和跨组织合作的持续推进下，价值创造过程逐渐由组织内分工向跨组织的价

值链分工转变。于富生和张敏进一步将价值链会计的管理主体扩展为具有层次性的核心企业和价值链联盟。此后，程宏伟等的研究引入模块化理论，依据企业在价值链中的分工，将会计对象定位于价值模块。嵌入区块链的跨组织管理会计正是趋向网络式和模块化的结构，是基于不同组织进行协调与合作的管理活动，突破了传统组织边界的局限，不再局限于单个企业的内部组织架构，而是扩展到有业务关联的跨组织的多个企业。如前述案例，中化集团在应用区块链技术的成品油跨境贸易中，交易链条上所涉及的子公司、海关、银行等，均构成业务交易的主体。因此，嵌入区块链后，各个业务主体都将作为一个分布式账簿，独立完成其任务，以不同区块为体现的各个业务主体之间也有相应的服务器负责记录与追踪，故跨组织管理会计和多主体业务交易模式将成为主流。

组织间的制度安排是保障跨组织主体间有序交易的基础。跨组织关系的基本特征是组织间具有信任关系，这种信任关系的实现将在区块链网络中得到极大保障。签订正式的合同往往是进行跨组织关系管理和控制的必要途径，即通过制度安排减少过度竞争和推动组织间合作。智能合约以一种嵌入式程序化合约为形态，是区块链的核心构成要素。它是一种以数字方式进行谈判、验证和执行的计算机协议，是嵌入区块链的跨组织管控的有效信任机制。智能合约可以通过定义各方主体的角色和责任，以及提供强制执行的方法，为跨组织的各个主体之间提供一种事前管理的有效工具，实现高效的点对点交易及价值转移，对建立组织间信任机制、保证组织间信息沟通发挥一定作用。智能合约可以保证货币支付行为或资产转移行为等在触发预先设定的条件时自动执行，因此，类似中化集团所涉及供应链多方主体交易的成品油进出口业务，可以利用区块链的智能合约功能，实现交易的自动执行以及合约内容的传播、备份与记账，实现货物送达时的自动付款行为的发生，实现对全链路的物流信息的实时跟进。此外，嵌入区块链的跨组织管理会计不再是出资者与经理人之间的游戏，而是体现在多业务主体之间的责任安排，在以区块链技术为支撑的跨组织管理会计系统中，区块链的实时核算、高透明度和高流动性会制约各方群体间的权力平衡，一旦有可疑资产转移或存在利益冲突的交易进行，各个群体均会立即发现。因此，区块链将重构各方的信任机制。

（二）嵌入区块链的成本协同管理

以往管理会计通常只注意到可量化的成本动因来进行成本管理，但跨组织合作的推进和产品复杂度的提高不断昭示着成本管理所需信息的外化。诸如成本、预算、利润等传统会计类数字信息已无法满足成本的精细化和精确化管控，产品技术特点、客户需求、反应敏捷度等更为广泛的信息成为跨组织管理会计信息系统的新追求。成本管理的制度和方法，的确要适应社会环境的变化与科学技术的发展。组织间成本管理作为一种跨组织边界进行的、基于不同组织协调与合作的成本协同管理活动，在嵌入区块链的底层支撑技术后，跨组织主体之间以各自独立的区块形式存在，更易于结构化地协调供应链或价值链上的活动，进而将单个企业的成本管理拓展到这笔业务的各个交易主体之间，实行单项成本的规划与控制，使得供应链的总体成本最小。事实上，嵌入区块链的成本协同管理更多地体现为一种链式成本管理。它能够清晰地反映在供应链或价值链上，呈现出一笔业务或交易的总体成本在各个参与主体间进行的流转与分配。各个参与主体在区块链网络的信息共享也能够在一定程度上削减成本，跨组织间信息交流的增加可有效降低时间成本和交易成本，实现有效的成本协同管理。

以前述四川长虹的成本管理为例，在基于区块链技术的跨组织管理会计系统中，首先，应分析累积顾客价值的最终商品的各项作业，配合作业成本法建立作业中心，企业的每一个作业中心都作为一个区块而存在。各个区块环环相扣，一项作业到另一项作业的转移过程中，同时伴随着价值转移。这些作业活动数据将全部记录在区块链上，可供追溯与查看。也就是说，企业要先将目标成本分解到作业层次，通过组织内作业链改进，尽可能消除不增值作业来降低供应链成本。其次，通过区块链网络，追踪所有资源费用到作业，再到流程、产品、分销渠道或客户等成本对象，加强组织间作业链改进，获取全口径、多维度、更准确的成本信息，进一步改进增值作业，改造作业链活动，提高生产效率，增加顾客价值和企业价值。

（三）预测与决策分析

传统管理会计信息系统通常局限于企业自身，数据在跨组织的各个主体间不能互联互通、无法整合，因此并不能为管理者提供充分的关于是否与其他企业形成跨组织合作关系的决策信息。而上游供应商的成本信息与下游客户的需求之间存在一定的差异，导致了企业无法准确地知道各个产品的全部成本信息、利润流向信息和客户盈利信息。在跨组织合作的环境下，企业经理人为了识别与分析企业的经营效率，既需要本企业的各项数据，也需要其他企业的参照数据。在区块链网络中，一笔业务的多方参与主体均息息相关，所有参与主体的活动与资源均需纳入考虑。此外，在嵌入区块链的跨组织管理会计网络中，横向价值链管理对同类产品的生产在本企业与同行业竞争者之间的对比分析十分必要。基于区块链技术带来的公开透明的网络大环境，企业有机会通过链条获取到不同竞争对手的生产信息，从而克服生产限制，确定最优生产方案。可见，在以大数据为依托的区块链网络中，企业不再局限于依赖自身财务数据，如收入、费用、利润、现金流等对其经营状况进行判断，更多的是综合考虑与对比网络中其他区块的信息，以实现对企业自身的商业模式、核心竞争能力和企业持续创新能力的评估与把控。

正如前面提及的四川长虹基于区块链的跨平台互联方案，在联盟链实现跨平台联动，要涉及运营服务平台、监管机构和检测机构等多个主体之间的数据与信息共享；而要实现以核心竞争能力和持续创新能力为内涵的企业价值提升，四川长虹所做的预测决策分析将不仅依赖于一般的财务会计信息，而是更多地依赖产业信息、资本市场信息、货币政策信息、供应链上下游信息、企业战略规划、业务交易、成本效益、技术研发和人力资本等各类信息。显然，嵌入区块链的跨组织管理会计打破了各个独立组织间的信息孤岛弊端，且区块链网络环境使得企业能够以更低的成本、更快的速度及更具针对性的方式获得用于预测及决策的信息，利用区块链上的财务与非财务信息，有利于对价值链上下游企业与销售渠道的考察与重新选择，以及对同行业竞争对手的了解和把握，以降低相关成本和费用，提高资金周转效率，形成企业的核心竞争力。

（四）组织间合作的绩效评价

传统管理会计信息系统并没有给管理者提供足够的用于评价跨组织合作关系的信息，传统的供应链绩效评价多是从财务指标方面进行的。然而，跨组织合作关系超越了单个企业的组织边界范围，基于一个个相对独立的经济主体的组织内部所进行的传统绩效评价理念，难以为组织间合作的绩效评价提供理论支持。组织间合作的绩效评价包括两个维度：首先是组织间合作创造的绩效，其次是组织间合作为参与组织带来的贡献。而组织间的合作关系会受到跨组织的各个参与方之间的目标一致性、信任水平以及资源共享程度等因素的影响，进而影响组织间合作的绩效。如果跨组织的不同主体在合作中面临组织整体利益与其自身利益相冲突的情况，基于交易成本经济学和代理理论，合伙人很有可能为了达成自己的某些目标，牺牲联盟的统一目标，有动机去欺骗和搭便车，从而造成组织间合作的协同效果降低。这种行为也导致了在传统的绩效评价中很难对各个参与主体做出合理评价和分配。

为了防止搭便车的行为，嵌入区块链的跨组织合作绩效评价成为必要。区块链技术高度透明的特性与共识机制的存在，将避免因信息不对称而导致的利益侵占行为的发生，维持双方或多方的信任关系，促进跨组织合作的协同效应。跨组织的多个主体在区块链网络中进行交易和开展活动，其实物或纸质材料将在采购、销售、服务等环节转换为电子信息，进行记录、传输、储存和备份，保障企业内部各部门间的信息共享及跨组织主体间的数据链接。此外，会计核算的自动化与会计信息的实时跟踪，保障会计数据的完整性与真实性，同时使得企业的有形资产实现会计的信息化。基于区块链的透明化操作可以抑制单个企业的投机行为，有利于对各参与方的实施成本、对组织整体的贡献等进行衡量，进而匹配成员组织的收益与贡献，实现对组织间合作的绩效评价的公允性。

区块链技术应该成为跨组织管理会计的技术支持。管理会计，尤其是管理会计实践，需要在充分考虑嵌入区块链的跨组织关系的基础上，基于大数据和信息化的背景，做出相应的思考与创新。因此，本节的研究结论有一下五方面。

第一，跨组织关系应用于管理会计实践需要考虑区块链技术带来的挑战与变革。目前，中国已基于区块链技术进行相应的实地应用，如中化集团基于区块链的石油国际贸易以及四川长虹基于区块链的跨平台互联方案。

第二，嵌入区块链的跨组织管理会计中，传统组织边界被打破，多主体业务交易模式将成为主流，基于智能合约的信任机制成为新的制度安排。

第三，嵌入区块链的成本协同管理将在一定程度上消除不增值作业，有效降低时间成本和交易成本。

第四，在跨组织合作的环境下，区块链技术进一步打破企业的信息孤岛，实现价值链信息全透明，为企业预测和决策分析提供财务和非财务的各项信息支持。

第五，嵌入区块链的跨组织合作的绩效评价能够有效防范搭便车的行为，实现对各参与方的实施成本、整体贡献及各自收益间的公允衡量，保障组织间合作的绩效评价的公平性。

可见，区块链技术与跨组织关系成为管理会计发展与创新的关键，在主体结构和制度安排、成本协同管理、预测与决策分析和组织间合作的绩效评价等方面产生了深远的影响。

第二节　两岸企业价值创造与管理会计创新

管理会计理论的不断创新有助于企业价值创造。该文梳理了企业价值创造理论和现阶段我国管理会计的新发展，探究了企业价值创造与管理会计创新之间的关系，分析了管理会计在海峡两岸企业中的实际应用，并依此认为海峡两岸可以相互借鉴管理会计创新理论的运用，推动管理会计的创新，更好地为企业创造价值。

企业的生存发展在于价值创造，管理会计是实现企业价值创造的重要手段。2014 年10 月，我国财政部制定印发了《关于全面推进管理会计体系建设的指导意见》，管理会计理论不断创新，管理会计实践日益丰富，如何正确应用管理会计来为企业创造价值已经成为一个重要的话题。

一、企业价值创造与管理会计创新的理论发展

（一）企业价值创造理论的发展

企业价值创造研究源于学者们对价值管理和价值创造问题的关注。国外学者对企业价值创造的研究是从 Porter 提出价值链理论后开始的，此后西方出现大量文献对驱动企业创造价值的力量、机制等问题进行深入的探讨，其中有代表性的理论的包括：Poter 提出的价值链理论，Schumpeterian 提出的创新理论，以 Barney、Peteraf 等为代表的企业资源基础理论和战略性网络理论等。我国学者也从多个方面研究了企业价值创造。蔡昌描述了价值创造的管理模式，把不易解决的企业价值提升问题借助容易实施的程序化步骤进行处理。张小宁将经济增加值细化为五个层次，分别从不同方面判断企业价值创造水平。别晓竹提出了企业价值创造能力的三维结构，从价值创造能力演化的角度解释企业获得持续竞争优势的内因。郭天明、宋常从不同角度研究了公司价值创造的驱动因素。姜东模认为企业是一个价值创造系统，价值的保值增值是价值驱动因素作用的结果。严复海和李焕生指出，价值创造是以企业价值最大化为目标的现代价值管理理论的核心。

（二）企业价值创造与管理会计之间的关系

我国很多学者都认为企业价值创造与管理会计有着密不可分的联系。潘飞、陈世敏等认为，企业如何正确应用管理会计来为企业创造价值已经成为一个重要的话题。胡海波和胡玉明提出，能否辅助企业持续创造价值是衡量管理会计工具有效性的一个重要标准。楼继伟认为，管理会计在职能定位方面，偏重于创造价值，渗透于企业管理的全过程。王斌等指出，现阶段管理会计的发展是利用资源创造价值的阶段。王棣华通过对比财务会计和管理会计，提出管理会计起到了桥梁作用，并降低了企业风险，为企业创造了更大的价值。张先治提出，管理会计有助于企业的经营决策和管理控制，企业的价值创造与价值实现离不开经营决策与管理控制，企业价值创造与管理会计密不可分。

（三）我国管理会计的新发展

我国管理会计从引进到现在有了较大的发展，学者们在吸收学习西方管理会计的基础上，结合我国实际情况，提出了一些具有我国特色的理论和方法。近年来，我国企业对管理会计的应用也不断增多，管理会计理论不断创新，管理会计实践日益丰富。在理论方面，我国比较重视管理会计基本理论、战略管理会计、成本管理等方面的研究，随着经济环境的变化，出现了一些新的研究主题，如价值链管理、绿色管理会计等，更加注重整个企业的价值以及如何与社会环境和谐相处的研究。在实际应用方面，在初期应用内容比较广泛的有本量利分析、目标成本管理、成本形态分析等。进入21世纪，平衡计分卡、作业成本法、全面质量管理等现代管理会计的理论和方法，在我国也得到了初步的应用。随着我国企业内部控制建设的逐步规范，作业成本法、平衡计分卡的应用得到了加强。同时一些新的管理会计理论与方法有了一定的应用，如环境管理、业绩金字塔、协调供应链以及产业集群等。

二、管理会计在海峡两岸的应用

近年来，海峡两岸越来越多的企业注重管理会计，结合企业自身情况应用管理会计创新理论，其中一些企业通过活用管理会计理论，成功为企业创造了价值，海峡两岸均涌现了一批成功典范。

（一）管理会计在台湾地区的应用

台湾积体电路制造股份有限公司（简称"台积电"）从无人看好到快速发展为行业巨头，其对管理会计的善用功不可没。台积电的作业成本管理应用十分具有借鉴性，其在分析成本动因的同时，对产品采购价格、服务成本、产能管理以及资本投入等方面都进行相关性作业成本管理资料的构建，对每个要素进行最好的管理，从而进行精细化管理，大大降低了成本，同时通过成本系统的归集，形成成本结构构架图，方便为不同的顾客提供适当的咨询，十分有利于管理层做出正确的决策和战略安排。

台塑集团被称为台湾各企业集团的龙头老大，其独特的管理制度十分著名，不少企业都学习台塑的管理制度，其对成本管理的应用十分值得借鉴。台塑集团的成本管理采取其自创的"剥五层皮"的办法，对成本"追根究底"，详细分析成本、控制成本。同时，其还设置了多个成本中心，将核算单位划小，更加有利于成本的收集与分析。

汇丰汽车是台湾销量最高、获利最高的汽车公司。汇丰汽车的主要发展战略分为：营业面、服务面、管理面。其中，在管理面，汇丰汽车将营运管理制度化，引入平衡计分卡，将管理全面信息化，打造"整合财会系统＋人力资源系统"的全面信息系统平台。汇丰汽车在执行平衡计分卡后效益显著，平衡计分卡这个区块帮汇丰赚了将近100亿元新台币。

台积电的作业成本管理、台塑集团"剥五层皮"的成本管理以及汇丰汽车平衡计分卡的应用都是台湾地区应用管理会计成功为企业创造价值的典范，台湾地区除了以上管理会计应用的实例，还有很多企业积极应用管理会计来为企业创造价值。总体来说，台湾地区对管理会计的应用较为广泛，对业务预算、成本管理、资本预算以及成本—数量—收益分析等管理会计方法的应用较为成熟。

（二）管理会计在海峡西岸的应用

近年来，海峡西岸企业也十分重视管理会计，一些企业善于利用管理会计为企业创造价值，管理会计的应用有所发展，尤其是在预算管理和成本管理方面取得了较大的进展。

在预算管理方面，海峡西岸近年来越来越多的企业已经或正在迈入全面预算阶段。其中上海汽车集团股份有限公司（上汽集团）"人人成为经营者"的全面预算管理实践，大冶有色金属集团控股有限公司包括了双闭环预算体系、预算主体向下延伸至班组、建立预算标准，形成定额库、对标找差距、超利分成的预算考核等内容的"五特色"全面预算十分具有代表性。神华集团有限责任公司经历预算管理植入、预算管理与管理控制系统融合、预算管理向业务纵深层次扎根、预算管理成为企业战略支持工具等四个主要阶段的预算管理的意义构建模式；中铁大桥局创新性地将全面预算与财务业绩评价适度融合，都是海峡西岸走向全面预算过程中创新性的突破。

在成本管理方面，海峡西岸近年来加大了对成本管理的力度，企业对成本管理的应用更加深入。京东集团将成本管理紧密联系其采购环节—销售环节—配送环节—支付环节—反馈环节的价值链，对价值链的各个节点不断完善，全方位地降低企业成本。京东集团这种基于价值链的全方位成本管理模式是其成功的重要原因之一。同样借助对成本管理灵活应用为企业创造价值的还有美的集团，该公司通过拉通外销从订单到收款、内销从商机到收款、从采购到付款以及计划到执行"四条业务线"，解决了供应链一体化的管理问题，打通了物流、资金流和信息流。除此之外，长江电工工业集团有限公司以"成本领先战略"为目标的标准化成本体系构建，长安汽车"七步骤"的作业成本法以及重庆建设工业（集团）有限责任公司的工序标准成本管理应用等都是海峡西岸灵活应用成本管理的代表。

同时，海峡西岸在战略管理会计、绩效管理、管理会计信息化等方面也有一定的进展，但是很多企业在这些方面的应用还处于起步阶段，不如预算管理和成本管理应用得成熟。

三、推动管理会计创新，更好地为企业创造价值

从现阶段海峡两岸对管理会计的实际应用来看，台湾地区以及海峡西岸各有所长，但也有各自的不足之处。海峡两岸应该加强交流，相互借鉴，进一步推动我国的管理会计创新，更好地为企业创造价值。

（一）海峡西岸借鉴台湾地区对管理会计的成功应用

与海峡西岸相比，台湾地区对管理会计的应用范围更广。由于海峡西岸所处的经济环境与台湾地区有所不同，对管理会计的应用大部分是国企等大企业，一些小企业对管理会计的重视不够。台湾地区的管理会计发展较为成熟，大多数企业都对管理会计较为重视，善于用管理会计为企业创造价值。台湾地区企业对业务预算、资本预算以及成本—数量—收益分析等管理会计方法应用实际时间较长，经验较为丰富，值得海峡西岸企业借鉴。而且由于台湾地区一些企业自由度较大，其大胆地实践管理会计，在实践的过程中摸索出适合自身企业的一些管理会计理论与方法，丰富了管理会计的应用，这值得海峡西岸学习。同时，台湾地区应用的管理会计理论与方法比海峡西岸更加多样，海峡西岸可以结合企业自身情况，对台湾地区一些应用较为成功的管理会计理论与方法进行学习，更加大胆地实践更多样的管理会计理论与方法。

（二）台湾地区向海峡西岸学习管理会计应用的经验

现阶段，海峡西岸企业对管理会计的实际应用大部分集中在预算管理与成本管理方面，对这两方面的应用较为广泛、深入。随着管理会计应用的日益广泛，海峡西岸逐步迈入全面预算阶段，另一方面海峡西岸对成本管理的力度加大，一些大型企业将多种成本计算方法融合，以更好地进行成本管理。如上文提到的大冶有色"五特色"的全面预算，上汽集团"人人成为经营者"的全面预算管理，京东集团基于价值链的全方位成本管理、长安公司"七步骤"的作业成本法等都是其中的成功典范，应用较为成熟，经验比较丰富，十分值得台湾地区借鉴。同时，近年来海峡西岸管理会计发展迅速，对管理会计的应用范围不断扩大，也逐步开始尝试应用一些新的管理会计理论与方法，如在业绩评价、管理会计报告、管理会计体系构建以及管理会计信息化方面有了一些成功的应用，台湾地区可以在这些方面向海峡西岸学习。

（三）海峡两岸共同进步，推动管理会计创新

海峡两岸对管理会计的应用各有长处，同时都有一些有待改进的地方。海峡两岸在管理会计的实际应用中，应该注意理论指导实践，并注重根据企业自身实际情况和管理会计理论与方法的发展，对其所应用的管理会计理论与方法不断更新与调整，加强企业执行能力，扩大管理会计的应用范围，并更深层次地应用管理会计。同时，在管理会计的实践中

检验管理会计理论，提炼一些成功的案例，发挥典型案例的示范带动作用。另一方面，海峡两岸管理会计的应用还处于较初级的阶段，对成本管理、预算管理方面关注较多，相对来说对环境管理会计、战略管理会计、管理会计信息化方面的应用较少，大多数企业过于重视企业短期内的成本控制以及内部控制，忽略了利用管理会计为企业创造长远的利益与谋求更好的发展。海峡两岸企业应与时俱进，根据现今的社会环境、经济环境等，从企业长远利益与整体发展出发，将管理会计的应用上升到战略层面，更多关注环境管理会计和管理会计信息化等。同时，海峡两岸应该鼓励企业大胆尝试一些没有应用过或应用较少的管理会计方法与工具，例如协调供应链、产业集群、关键绩效指标以及商业智能等等。

企业价值创造与管理会计密不可分，海峡两岸均涌现出了一批成功应用管理会计为企业创造价值的企业。随着管理会计应用环境的不断变化，企业必须不断提高自身的管理水平，今后海峡两岸企业要相互交流，互相学习，共同进步，不断创新和发展管理会计，更好地为企业创造价值。

第三节　供给侧改革与管理会计创新

供给侧改革是结构性的改革，是经济发展新常态的重大创新，是推进经济转型升级的重大举措。它以"供给"优化"需求"，实现"供给"与"需求"的有机融合。管理会计是企业战略、业务、财务一体化最有效的工具，是供给侧结构性改革的微观基础。供给侧改革促进管理会计创新，管理会计创新发展为供给侧改革提供微观层面的实践支撑。

近年来，由于受到国内外错综复杂的经济环境的影响，我国经济逐渐迈入新常态，即国内经济增长内生动力不足，产能过剩，有效供给不足，供需不平衡、不协调的矛盾越来越突出，主要表现就是供给侧对需求侧变化的适应性调整明显滞后。此外，中国暂时仍是一个市场经济体制不完善的国家，政府作为"无形的手"对经济的干预和管制较多。因此，一味地刺激总需求既不能解决产能过剩的问题，也无法克服供给不足的难题。实践表明，需求侧管理在短期内行之有效，但长期实施存在诸多问题，基于此，我国逐渐提出了供给侧改革的指导思想。不同于国外的供给侧管理，我国的供给侧改革能够更大范围的采用财政政策和货币政策，强力推动各种灵活有效的政策工具，加快改革的进程，优化需求，进一步融合供给与需求的价值效应。

管理会计是指企业组织围绕信息支持系统与管理控制系统，以实现价值增值这一目标而开展的一系列管理活动。2014年1月，财政部发布《全面推进管理会计体系建设的指导意见（征求意见稿）》，标志着中国管理会计开始向规范化、科学化的道路上推进，并为高水平、本土化的管理会计研究指明了方向。管理会计是供给侧结构性改革的微观基础，企业结构转型升级是供给侧结构性改革的重要部分，管理会计作为企业价值增值的重要管理工具，必然应首当其冲的适应供给侧改革要求。

随着大数据、云计算等高新技术时代的到来，供给侧结构性改革提出了更高更新的要求，传统的管理会计工具和方法已不能满足市场要求。管理会计必须紧跟经济新常态、供给侧改革等宏观环境，借助新技术新工具，适时进行创新与变革，从而促进企业结构变革，提高经营效率，增加收益，同时管理会计的变革与发展是供给侧改革的捷径。

一、供给侧结构性改革

（一）内涵

供给侧结构性改革最早提出于 20 世纪 70 年代，对经济发展十分重要。它主要基于需求侧管理，是一种新概念、新思路。需求侧是由凯恩斯提出的经济增长"三驾马车"理论，强调与经济短期增长息息相关的投资、消费、净出口。而供给侧的重点领域是劳动力、土地、资本和创新，供给侧改革以结构性问题促进改革，以改革方式推动结构调整，严格矫正要素配置不均匀的问题，确保供给结构可更好地适应需求变化，提高全要素生产率，推动经济社会可持续发展。供给侧改革理念的提出有着非常鲜明的时代特征，它是寻求经济新增长的新思路，其内涵是消除无效供给、扩大有效供给和提高全要素生产率。企业应当提高产品服务质量，扩大有效供给，发挥市场在资源配置中的作用，达到资源配置优化，营造公平有序的市场竞争环境，顺应供给侧改革有序发展，保证经济增速和社会稳定。

（二）重要性及其经济意义

供给侧改革不是针对经济形势的临时性措施，而是面向全局的战略性部署。推进供给侧结构性改革，是依据我国社会经济的发展实践和国际政治环境的大趋势做出的重大战略部署，是我国"十三五"时期经济发展的着力点，是适应后国际金融危机时期综合国力竞争新形势的主动选择。供给侧改革体现的是创新驱动的内在要求。目前，我国大力促进供给侧结构性改革，持续提高供给的质量和效率，从而化解过剩产能，促进产业的健康发展。通过供给侧改革可以使劳动力、土地等生产成本在一定限度上减少，增加企业的竞争能力，提高其他生产要素的质量和数量。此外，应对供给侧改革进行定向调控，推动企业组织与制度的创新，提高现有的生产能力，刺激企业增加供给的数量。同时，供给侧结构性改革鼓励并引导了新兴产业的发展，扶持了短板行业，促进企业加强对员工的专业培训，在一定程度上提高了劳动力的整体素质。

二、供给侧改革对管理会计的影响

供给侧改革对管理会计的影响，主要是通过企业价值创造模式的变革对管理会计在企业价值增值中的地位与作用产生诱导，进而对管理会计的三大内部结构即价值增值、管理控制系统、信息支持系统产生冲击。

（一）对价值增值的影响

改革开放历经40多年，我国的经济虽得到了长足的发展，但仍被锁定在低端的价值活动区域。党的十八届五中全会中指出，应进一步提高中国在全球产业链上的定位，对外优化贸易和产品结构，对内实现产业转型升级。管理会计应结合供给侧改革，强化供给端建设，从理论与实践两个方面实施功能结构的优化和升级。首先，应围绕企业消费拉动等手段改善自身的职能定位，引导各类消费向智能、绿色、健康、安全的方向转变，以扩大服务消费为重点带动消费结构升级；其次，提升权变性功能，提高资源利用率，为国家层面的供给侧改革提供支撑，化解管理会计价值增值中的低端化倾向，提升管理会计在企业价值创造中的地位与作用，实现最大限度的价值增值；最后，借助于创新驱动，大力发展跨境电子商务等基于"互联网＋"的新经济。转变传统财富观念，加快构建与新的财富创造价值体系相适应的管理会计"价值增值"目标体系。

（二）对管理控制系统的影响

围绕供给侧改革的新形势，管理会计的控制系统应强化产业结构的优化，从供给端重新审视管理会计的结构特征，实现管理会计的链式价值管理向"互联网＋"的网式价值管理模式转变。管理会计的控制系统应围绕"互联网＋"、"双创（大众创业、万众创新）"、"中国制造2015规划"等管理会计的供给端管理创新，进一步与经济新常态的经营环境相适应。无论是宏观还是微观，创新驱动是发展的根本。因此，创新驱动是管理会计控制系统必须坚守的底线，应紧紧抓住供给侧改革的机会，结合国家的减税等政策修改或完善自身的管理会计政策或制度体系，努力转变观念，全面推进管理会计理论与方法体系在企业实践中的应用，并取得积极的成效。

（三）对信息支持系统的影响

传统的管理会计信息主要依赖于财务会计信息，缺乏灵活性、相关性以及前馈控制，其预测过程的关注点是眼前的销售等收益状况，其管理方式是"推式"营销，长期经营中将致使企业面临严重的损失。为更好地适应市场与发展需求，应结合供给侧改革，积极调整管理会计的信息系统结构，主动与ERP、XBRL等管理信息系统相衔接，围绕价值管理或价值创造的供给端情境优化信息支持系统，提高决策支持的效率与效果，提高与企业实践的相关性及有效性。信息支持系统与管理控制系统进一步融合，开发并应用与"互联网＋"等相匹配的管理会计智能工具。"互联网＋"是产业发展的新引擎，以其为代表的大数据、云计算等是管理会计信息支持系统中的重要内容，强化大数据的收集、管理，以及借助于挖掘技术优化信息支持系统，为企业的价值增值创造新的动力。

三、管理会计在供给侧改革背景下的创新应用

供给侧改革是从结构入手进而强化管理的一种方式，管理会计的供给端管理就是要优

化管理会计价值管理的结构体系，扩展"价值"的内涵与外延，强化管理会计的控制系统和信息支持系统。

（一）改革供给侧产业链，促进企业经济价值增值

目前，我国处于"世界工厂"的盛名之下，但从全球价值链来看，我国企业多处于中低端价值链区域，缺乏核心竞争力，国际竞争力和话语权亟待提升。党的十八届五中全会强调应不断提高我国产业链的定位，促进产业转型升级。中央财经领导小组第十一次会议提出应大力推动重点领域的改革落地，加快推进对经济增长有重大牵引作用的国有企业、财税体制、金融体制等改革。将供给侧改革的经济手段用于企业，能够有效丰富管理会计的价值内涵，并促进其向外延伸，同时也有助于改善管理会计价值增长本质。管理会计应以增强经济可持续发展能力和提高企业核心竞争力为目标，通过企业的相关经营活动获取各项财务信息并加以深加工和整合分析，从而采取有效的策略控制成本，达到企业利润最大化与社会价值最大化的和谐统一。管理会计供给侧改革可借鉴微观经济学的概念，通过统计、分析和差异性对比，采用量本利、差量、增量等分析方法，及时调整自身的经营管理策略，做出控制和防范决策，维护可持续发展，提高企业经济增加值。

（二）强化产业结构升级，完善内部控制创新发展

面对供给侧改革带来的机遇，企业应进一步促进产业的快速升级，以新产品、新技术、新业态、新商业模式，提高产业或是企业核心竞争力。产业结构的优化升级促使管理会计创新成为"新常态"，也促进了基于"互联网+"的网式价值管理模式，为管理会计的发展提供了新亮点。管理会计中的控制系统应不断优化其功能结构，明确其职能及作用范围，合理整合与创新管理会计技术方法，强调管理会计功能结构供给端管理，以便更好地为管理会计控制系统服务。

管理会计与内部控制的有机结合，能够提供满足管理者需求的各种信息，确保企业可持续发展。从管理会计角度而言，能够发挥责任会计系统的监督实施作用，规划和控制企业内部责任，控制和强化供给侧改革过程中规避风险的能力，追求企业价值最大化。从内部控制角度来看，目标成本管理理念的加入，促使管理会计的预测更趋于合理。内部控制对于各种风险的评价和测定，有利于管理会计加大控制力度，采取有效防范措施。同时，全员参与式的内部控制能够促使管理会计有效、有序地贯穿于整个经营管理活动，实现企业的经营目标。

（三）引入先进营销理念，健全先进信息辅助系统

依据供给侧改革实际情况，适时调节管理会计信息系统结构，并将其与管理信息系统进行有效链接，将管理会计信息支持系统及管理会计控制系统有效结合，逐步开发管理会计智能工具。基于供给侧改革管理会计信息支持系统应全面服务于经营管理，注重信息前馈机制效应以及反馈机制效应。前馈机制与反馈机制是相对而言的，既具有排他性，也具有相互依存性，两者于20世纪60年代被确立提出，因控制论及系统论等而快速普及，使

得诸多学科与会计管理学科逐渐融合。前馈机制是对脱离规范的行为施以防范的途径，反馈机制是对脱离规范行为施以反作用的治疗性途径，并据此设置路径。实践中，应严格反向控制和把握，不断优化管理会计信息支持系统供给端管理，以便有效健全并进一步发展反馈机制于信息系统中的应用，并提高其职能作用。

第四节　基于阿米巴经营模式的管理会计创新

十八大召开以来，管理会计思维越来越受到重视，而蕴含管理会计思维的阿米巴管理模式也被大多数人所看好，因此多数企业也逐渐效仿该模式进行管理公司。现今，企业的首要任务就是不断激发和鼓励企业员工提升自己的专业素质，主动进行建设和改善阿米巴的经营模式，不断学习和容纳外国的具有创新性的管理模式，了解公司所需要的管理要求，进一步改善管理会计的运用模式，达到公司长远发展的战略目标。

日本京瓷公司在经营过程中存在一定的问题，因而其创始人稻盛和夫提出了"阿米巴经营"来解决相关的问题，该经营模式为京瓷公司的成功经营奠定了基础，京瓷公司一共经历了四次经济危机，该危机具有全球性，正因为运用了该模式才会让公司转亏为盈。由此可得，公司目前经营的重点就是强调管理会计的重要性，只有加强管理会计的建设才会使管理工作得到有效实施。新兴市场国家与我国在传统国际市场展开激烈竞争，使得一些竞争力弱的企业陷入利润下滑、效益不断下降的困境中。管理会计中将责任中心划分为四个中心，而阿米巴则强调利润中心，因为利润中心不仅包含收入中心还包括成本中心，让各个部门充分发挥各自的作用，不会因为只强调收入或者只强调成本而使自己的责任不能充分得以实现，我国现阶段公司管理的实施可以借鉴该模式，该管理模式对我国企业有重要作用。

一、阿米巴经营模式概述

管理会计理念为阿米巴经营模式的形成做出了重要贡献，该模式是通过将公司进行划分而实现的，该划分考虑到公司的经营流程和依据产品消耗作业，作业消耗资源等理念。通过以下几点来实现阿米巴经营模式，第一，阿米巴模式提出的"以心经营""伙伴式经营"这样的战略思想，倡导"培养经营人员、全员参与经营"这样的理念，能够让全体公司成员都能发挥很好的管理素质和能力，充分调动职员工作上的积极性和竞争力。第二，按照公司的经营特点把公司分成不同的类型，在按照其不同的类型将公司分成不同的组织，该组织具有独立经营和自主核算的特点。这样分类的组织相当于一个独立核算系统，因为它需要核算明确的收入，和明确的相关成本。第三，推行"单位时间价值核算"体系，该体系就是衡量在单位时间中该企业所能创造的附加值，该组织内部还需要每天报告各成员的工作效率和每小时的产出，以及工作中所遇到的瓶颈和改善的建议。该体系是将每一个组织跟利润中心联系起来，将每一个部门收入与成本核算制度与市场的核算相关联，并自始至终贯彻"低成本高效率创造利润最大化"的原则。

二、管理会计下的阿米巴经营模式

（一）售价还原成本法

阿米巴经营模式则运用了售价还原法。当市场价格出现变化时，各个阿米巴就会传递即时的信息，各阿米巴内的员工就会使用各种方法来应对市场价格的变化来降低成本，在一定程度上降低企业的风险。在变动的市场下，企业无法控制市场价格，但是可以控制的是可控成本。企业的售价还原成本如果要是比平均市场水平低，这样这个企业的报酬率将高于行业平均水平，这种情况下企业的竞争力就能很好地表现出来。运用这样的方法能够体现出优势：一直基于变动的环境市场，全面地体现了外部竞争和市场需求这样的考虑，而且充分将边际利润考虑到企业的必要生成的条件。

（二）单位时间核算制度

阿米巴在绩效考评时使用了单位时间核算制度，该方法简单易懂并且容易实施，它的计算过程比较单一，其计算过程不会随着市场经济的变化而变化，因此能够在一段变化的环境下进行统一的绩效考评。单位时间核算制度可以通过下面公式进行计算：该阿米巴生产总值—人工成本以外的总费用＝阿米巴总附加值；阿米巴总附加值／该阿米巴总劳动时间＝阿米巴单位时间附加值。资本成本重点关注的是其责任中心，也就是利润中心，阿米巴经营管理的中心通过单位时间内的核算制度来体现。改善阿米巴单位核算制度的方法有增加阿米巴的利润和减少时间和降低成本等，进而提高了单位部门的工作效率。这种核算方式是基于每个阿米巴下的利润和成本，因此管理者可以更好地核算每个产品的成本，找到准确的成本动因从而制定更好的生产决策来降低成本。企业的附加价值还可以通过单位时间核算表的计算体现出，企业员工可以通过单位时间核算表清晰的了解自己所在部门对社会做出的贡献，借助此方式可以使员工工作态度更为积极，同时可以加强员工自身的企业责任感。

三、管理会计中阿米巴经营模式的创新措施

（一）以利润中心为基础进行创新

一提到企业想要建设管理会计的创新思路，就能够想到的是需要把它拆分为各个不相同的利润中心这一方法。但是在这种方法下进行拆分，还需要进行进一步对价值的附加部分重新计量，也就是说对于提高了企业价值的部分。例如制造业企业中，对于生产产品这一项目，在原材料的采购环节上，不应该只考虑外部的购入，还应该利用上一道工序生产

产品，将上一道流程与当前流程的两个部分在市场环境中体现出来，并且与之相吻合。这就体现出划分利润中心的作用，能够使企业的价值进行提升，进而使生产环节能够跟得上市场环境的变化，运用多种效益组织的方式减少风险出现，为了更好地规避风险，同时为企业健康运营提供良好的条件，这样企业的风险就能够更好的得到控制。

（二）责任中心与资本成本

1. 明确责任中心

企业的责任中心指的是所承担的某些经济责任，并掌握企业内部单位的权力。在制造业中，一般研发部重点承担设计以及规划环节，使得研发成本远远超出该部门的所能承受的范围，并且造成产生了大量的研发费用。与此同时，研发部门在提升产品的性能和技术上，会对制造部门提出过于严格的生产标准和过高的产生要求，这种情况下很可能会对于企业的生产经营超负荷。在企业的经营战略中，没有很好的对制造部门进行合理的规划与更深的了解，这将会导致制造部门与研发部门的不匹配。在这种情况下，运用相互购买模式下的公司内部部门，增强了技术部门敏感的环境市场变动和节约成本意识，因此部门运用模拟市场交易购买的模式，来真切的体会市场环境的变化。

2. 明确成本的划分

管理会计所体现的不足在阿米巴管理模式下得到了改善，例如只关心短期利益和缺乏长远投资眼光的情况。目前很多企业缺乏对成本定义的意识，成本的范围很广泛，不但是计入产品成本中直接的制造费用和人工成本等，还应该考虑到间接成本的产生，例如应收账款、生产机器设备的使用等各项利息费用的支出。

（三）单位时间促进利润效率提升

当公司效益上涨时，管理会计重要的建设目标是提升效率。采用单位时间核算利润中心效益，可用有效预防部分问题，例如员工多、加班多等因素导致的对效益审批不平等现象，可以体现利润中心效益的公平性特征。通过在利润中心绩效考核方面使用单位时间核算理念，可以准确及时地找出效益组织及自身存在的不足，并提出具有针对性的优化措施，增强市场环境的适应能力应对每个环节需求，可以使企业向着标准的趋势有目标地前进，从而让企业的自身价值得以实现并更加长远发展。

（四）改善企业的经营管理

对于企业自身的会计核算应主要被管理人员所掌握，并且及时掌握财务报表数据反映，需要将阿米巴的核算保持平等性并且有很高的准确性，只有阿米巴核算的清晰化、透明化，企业人员才能全面的掌握阿米巴经营数据具体核算的结果。为使得企业长远的发展目标可以更好地实现，相关部门之间要保持着密切的联系，管理会计员工也应及时明确自身的责任。

在每个阿米巴物资流转中购销是的一种重要形式，这代表了两个阿米巴之间的关系。通过企业工序的单位时间标准和销售过程中提供给客户的最低价格来确定购销半成品的定价。阿米巴经营的管理和建设的重点是要将客户放在首要地位，始终以客户为中心，运用内部订单模式将资金进行很好的流动，通过这样的不断优化下，销售部门就实现了佣金的收集。

由此可见，随着经济的迅速发展受到全球化的影响，企业之间的竞争只会越来越激烈。阿米巴经营模式已广泛地运用到企业管理会计中，但是有必要进一步明确阿米巴经营模式与管理会计创新之间的关系，不断与时俱进、开拓创新，要提高对利润中心的重视程度，促进企业经营活动的顺利进行，认真研究其体现的高效、科学的管理会计理念。现今，企业的首要任务就是不断激发和鼓励企业员工提升自己的专业素质，主动进行建设和改善阿米巴的经营模式，不断学习和容纳外国的具有创新性的管理模式，了解公司所需要的管理要求，进一步改善管理会计的运用模式，达到公司长远发展的战略目标。

第五节　数据驱动时代的管理会计创新

处于数字化时代，技术创新迅猛发展，数据驱使下的管理会计发展态势更值得关注。管理会计学科的不断优化，及其理论与实践的创新，为企业管理提质升级提供了基础保障。充分利用信息技术与数据分析，带动企业产生质的飞跃，前提是充分认识企业管理会计发展现状，了解大数据技术对管理会计的影响，设立创新的信息技术管理模式，从而提高管理会计信息化程度，以尽快实现管理会计战略目标。

管理会计主要指通过管理创造价值，在企业的风险预警、预算控制、前景预测等过程中发挥重要作用。作为财务会计分支，能够为企业经营决策、管理等提供价值信息；对此，财务会计的规范性，直接决定了管理会计的作用发挥。围绕企业实际情况出发，借助全员力量，是应对数据驱动时代企业管理会计创新、转型的关键，以带动企业可持续发展。

一、数据驱动时代管理会计创新的意义

管理会计在企业现代化发展中的作用越发突出，是提高内部管理水平、财务预算的能力、外部经营效率、资金运动能力与市场占有率必不可少的。数据驱动时代的管理会计工作，可稳定企业人力资源基础，应对消费者、客户的效果更加理想，能够与市场形成互动平台，提高主体信息传输的效率与安全性。更利于企业挖掘潜在客户需求，全面了解企业生产与管理现状，从而实现企业资金合理利用，以及财务规范管理。企业借助云技术、互联网技术等，能够带动会计管理体系的优化，提高会计人员的业务能力与综合素养，使其知识结构体系更加完善，从而为企业长足发展助力。

二、数据驱动时代管理会计转型存在的问题

（一）信息安全隐患

企业发展离不开市场信息的收集，信息内容涉及发展规划，以及客户等核心信息，信息一旦泄露，会使企业出现严重的经济损失，甚至是致命性的打击，如客户信任度降低、企业形象降低等。

（二）信息处理难度增加

数据驱动时代的信息发展迅速，数据动态性变化特征越发明显，企业整理庞大数据量的难度与强度悄然发生转变。管理会计虽然能够筛选冗余数据，精选出价值信息，但信息收集、处理技术相对滞后，数据模型体系、信息系统的完善程度，以及数据筛选成效等，严重落后于数据变化速度，导致数据分析结果缺乏真实性与实用性，尤其是在企业经营决策中的应用价值不断降低，综合竞争力不断下降。

（三）人才储备不到位

数据驱动时代下的企业管理会计创新，对人力资源基础要求较高。但实际上，企业对管理会计专业人才相对缺乏，从业者的法律、审计、金融等学科综合知识，宏观决策能力与计算机网络技术掌握相对欠缺，导致企业管理会计工作发展停滞不前。究其原因与大数据技术应用，以及人才培养意识落后有关。

三、数据驱动时代管理会计的创新对策

（一）强化管理会计安全性

在数据驱动时代，企业稳定及其规范的内部管理，是管理会计工作成效提高的重要前提，以提高会计整体的时效性、安全性。借助互联网云技术，提高数据处理质量与效率，将信誉与实力佳的客户，制定长期合作发展关系，本着安全合作的原则，合理选择合作对象，同时做好事前的调查工作，有效规避企业安全隐患。互联网开放环境中信息安全风险高，企业的管理会计工作，应当加强防御体系设立，利用防火墙、数据加密技术、权限访问等方法降低数据传输风险。数据加密处理由专人监管，确保数据收集处理成效。积极围绕企业发展战略目标，制定行之有效的发展对策，切实提高会计信息的完整性、安全性。充分发挥管理会计的作用，如风险预测、过程控制、预算控制等作用，确保资金链的合理周转，并尽可能地降低人文风险因素影响。

（二）加强管理会计信息化建设

在管理会计实践中，应当加强财务管理软件的应用，以及功能的开发利用，如 ERP 系统，应当加强系统的升级，缩小其与国际化管理软件间的差异，包括实践模型、工具方

法、理论知识等。不断拓展财务管理功能，填充内部财务信息，如税收、市场等信息，实现多方面信息整合，为管理会计模式转变，以及系统应用成效提高提供基础保障。ERP 财务管理系统，涉及销售管理、人力资源管理、固定资产设备管理、总账管理与财务分析等功能模块，为企业管理会计升级奠定了基础。

数据驱动时代促使着财务转型，面对该种形势，应当加强企业战略承接，设置共享、业务与专业的财务格局，切断挖掘财务人员潜力，及其专业价值发挥。基于专业财务角度分析，主要通过设立流程，以及优化标准，以驱动业务拓展价值。基于业务财务角度分析，尤其是融入业务单元的财务人员，应当与业务人员加强协作，通过调配资源，或是显差等措施，达成业务单元目标，切实向业务驱动，以及领导行业方向迈进。基于共享财务角度分析，为设置规范化的管理业务流程，需要合理运用会计语言。同时还需综合评定项目资金，以及经营生产活动，了解创新点与改进项，确保数据合理应用。除此之外，还需通过互补等方式，实现数据资源整合，以分散形式分析数据资源，带动信息管理系统完善。作为管理会计人员，应当能够为企业制定行之有效的生产销售计划，确保数据整体应用价值，以及资金的合理流通，切实发挥管理会计引领作用，带动企业创新化发展。推行平衡计分卡、全面预算管理等工作模式时，财务管理部门应当加强引导。协助其他部门做好财务数据调查、收集与处理等工作，设立分析模型，加强信息化建设、维护，实现管理信息共享，利用资源管理系统、半功自动化系统等工具，提高企业应变能力。

（三）加强人才建设

首先作为管理会计工作人员，应当积极转变责任理念，同时应具备一定的创新意识，尤其是领导层、管理层，应当加强对管理会计创新的关注，在日常经营管理中，贯彻执行大数据管理模式。同时要求从业者，不断提高自身的修养，转变各部门的会计观念，切实提高企业管理会计的地位。在管理会计实践中，还需加强业务范畴拓展，灵活使用软件工具、大数据思维展开管理会计工作，有效解决企业发展难题。其次加强管理会计团队设立，积极聘用高素质人才，要求其熟练利用计算机网络技术，能够从庞大的数据量中提取价值信息，为企业决策提供价值依据，从而带动企业管理工作规范化与创新化展开。除招贤纳士外，还需加强培训。为人才提供晋升、评优等发展空间，或是请专家介入指导，组织展开研讨会、交流会等，或是鼓励优秀员工进修学习，不断提高自身的综合素养。企业培训应当注重因人而异，尤其是非管理会计专业者，以及新入职员工，制定差异化、层次化的培训计划，完善其知识结构体系，提高其业务能力与综合素养，从而轻松应对岗位工作，实现日常培训常态化，确保员工身心处于最佳工作状态，全面提高工作成效。

改革开放四十年来，企业展开管理会计工作越发成熟，实践经验不断积累，应对数据驱动时代的改革创新发展应对更加自如。但实际上，取得理想成效的企业微乎其微，改善社会发展环境的同时，还需企业加强创新能力，不断提高管理水平，切实发挥管理会计职能与作用。在实践摸索中创新管理会计，以有效应对企业在经济转型升级中的问题，从而带动企业健康发展。

第六节　新常态下管理会计的创新

在经济新常态下，我国经济以较快的速度发展，经济结构有所优化，管理会计所面临的内外环境不断发生变化，如何应对新常态所带来的改变，成为管理会计的首要任务。因而管理会计必须根据组织的发展而不断创新，使其管理方法和工具与高水平本土化管理会计相符。

一、概述

（一）经济新常态的含义

经济新常态是指经济结构的对称态，在经济结构对称态的基础上实现经济可持续发展，使经济可持续、稳增长，而不是强调总量经济增长。具体说来包括三个方面：①经济新常态是稳增长、调结构的经济，而不是总量经济；②经济新常态着眼于经济结构的对称态基础上的可持续发展，而不仅仅是 GDP、人均 GDP 增长与经济规模最大化；③经济新常态就是用增长促发展，用发展促增长。有别于"旧常态"经济的发展方式，"新常态"经济更加健康、合理。

（二）经济新常态的基本特征

经济新常态主要有以下几个方面的特征：第一，经济发展速度放缓，由高速增长变为中高速增长，由快速发展转变为稳定发展、稳中求进，但仍保持年 7% 左右的经济增速；第二，以资源消耗、环境破坏为代价的经济增长方式将被取代，取而代之的是产业结构的优化升级、生产效率的不断提高，不良的经济增长方式将逐渐被淘汰，"绿色"发展深入人心的创新驱动为主要内容的科学、可持续、包容性发展；第三，第三产业的作用日趋显著，并将成为经济发展的主要动力，2013 年，中国第三产业（服务业）增加值占 GDP 比重达 46.1%，初次超越第二产业；第四，小微企业以及互联网行业日益发展壮大，对经济发展的推动作用越来越显著；第五，产能过剩问题依然存在，不会马上被解决，所以差异化产品更利与企业生存。

二、新常态下管理会计创新的思路

（一）变更管理会计理念，加强管理会计与战略管理的结合

考虑到社会环境对管理会计的要求，考虑到资本经营、环境经营等因素的价值创造功能，进而设定管理会计的目标。考虑到企业管理范畴的扩展，考虑到组织边界的模糊化，

进而实现管理会计的主体从单一企业向企业集群方向的扩展。考虑到内外部环境的变化，合理地释放管理会计假设的边界。理念的变更来源于环境的变化。经济新常态下，新兴商业模式大量涌现，互联网技术应用不断创新，企业竞争环境发生巨变，企业的战略也体现出显著的"动态性"特征。动态环境中应更注重企业战略管理，而它的运用离不开管理会计的发展。管理会计作为公司预测、决策的信息支持与规划系统，必须同步于企业经营管理的要求，建立动态化管理的观念，将大量财务信息与非财务信息相结合，实时地对企业内外部因素展开分析。管理会计与战略管理的全面结合，要求管理会计要参与企业战略定位的制定、帮助企业落实发展战略、协助研究行业发展周期、设法降低战略实现成本。

（二）推进管理会计方法与工具的创新

管理会计工具方法来源于企业实践，实践环境发生变化，管理会计的方法与工具也要相应改变。经济新常态下，管理会计的内部条件与外部环境发生改变，出现了"大众创业、万众创新"的市场化特征。新的环境要求新的工具与方法。

近年来，国内管理会计方法与工具的创新也取得了一定成效。海尔公司提出了"人单合一"的双赢模式（即用户、企业、员工与合作方利益共赢和辩证统一）。海尔在"人单合一双赢"管理模式的创新过程中，依靠自主经营体，将价值链转化为"市场链"，构成全员网络化的企业组织平台，以其自主经营体的战略损益表、日清表和人单酬表作为会计管理与核算的技术工具，创新建立了一种以员工为主体、实行员工自主经营的利润中心的管理会计模式。

（三）加强管理会计人才的培养

结合财政部《关于全面推进管理会计体系建设的指导意见》，经济新常态下，管理会计人才培养可以从以下方面展开。首先，各级财政部门要加强宣传，营造良好的发展环境。同时，将管理会计知识纳入有关继续教育和考试内容中，提升管理会计的关注度。其次，高等院校要合理制定培养计划，提升管理会计内容在课程中的比重。加强管理会计师资队伍建设，革新教育教学方法，积极推动信息技术与教育融合。此外，还应加大科研投入，加强与企业、单位合作，建立管理会计人才实践培训基地。最后，企业结合自身实际制定管理会计人才培养模式。设定合理的职业规划，明确管理会计岗位职责，强调管理会计的胜任能力或技能并作出相应的绩效考核，合理采用管理会计人才培养方式，并对培养效果进行满意度调查进而相应做出调整。此外，企业要加强管理会计的信息系统建设，培养管理会计人才的信息化处理能力。

2.4 建立与我国国情相适应的管理会计体系

新常态下，经济结构不断优化升级，管理创新、技术创新成为主流。全面推进管理会计体系的建立已十分必要，财政部也正在大力推进。虽然目前我国有一些企业也进行了管理会计体系的建设并有了一定成效，但使用比较零散，总体上还是没有建立一套完整的管理会计体系。关于如何构建我国管理会计体系，有些学者结合实践提出了一些思路。企业管理会计核心内容包括战略规划管理、投资并购管理、全面预算管理、成本作业管理、现金与税务管理、绩效薪酬管理、内控与风险管理、内部报告管理。新常态下，信息技术迅速发展，移动互联网、云计算、大数据、物联网等广泛应用，管理会计系统的构建需要关注管理会计信息系统的建设。

管理会计是企业有序运行的支撑，对企业发展有至关重要的作用，因此，管理会计在任何时候任何行业都应得到重视。特别是在经济发展进入新常态时期，管理会计的发展与创新势在必行，管理会计的发展与创新关乎企业的未来。本节通过对这一问题的探讨，初步总结出管理会计在经济新常态下的发展与创新的方向，并结合中国石油天然气股份有限公司的实例加以佐证，希望对相关研究有所帮助。

第七节　会计转型升级背景下管理会计的创新

随着我国经济增速放缓，现阶段国内正处于经济转型升级的调整时期，多数企业都积极寻求内部管理能力的创新与发展以适应市场需求转变。管理会计作为管理工具整合了企业战略、财务及业务等各个方面，帮助企业规划与控制企业各级的日常经济活动，它在企业的各种决策中发挥着重要作用，管理会计在新经济时代迅速发展。但是，由于我国管理会计研究起步较晚，尚未形成完整的理论体系，使得管理会计的应用相对狭窄和滞后。随着新技术和新业务模式的出现，管理会计需要积极整合新趋势，努力实现自身的创新和发展，以实现应有的效率和效益。文章论述了管理会计的创新与发展，希望能够帮助企业更好地应用管理会计。

一、管理会计竞争压力

管理会计创新与发展的动力既有来自行业的竞争压力又有职业要求压力。随着技术的发展，"互联网"、云计算、财务机器人等已经应用到各个行业，同时也改变着财务行业的发展。传统的财务工作在智能时代将被替代，使得企业的资源配置方式，以及会计行业的人才结构在发生着变化。传统的会计为寻求发展都开始向管理会计转型升级，这就迫使原有的管理会计需要有更高的创新和发展才能更具有竞争优势。

随着经济形势和产业结构的转变，企业已经改变了传统的企业经营模式，管理会计只有进行不断地创新与发展才能实现为企业带来效益的功能。管理会计创新与发展是通过自身的调整，转型和发展来适应内外环境变化的需要。

不仅企业和行业提出了管理会计的要求，国家也在推动加强管理会计理论、概念框架和工具方法研究，以形成具有中国特色的管理会计制度，并对管理会计从理论到实际操作都提出了创新与发展的要求，以适应我国不断增长的管理会计行业要求。

二、管理会计实现理念创新

在会计转型升级的环境下，企业管理会计应积极实施理念的创新发展政策，实行最有效的动态管理理论，实现整体管理结构和管理战略的升级。首先，企业必须建立健全综合的管理理念，确保管理和控制措施的协调发展，并在企业内部集中整合财务信息。只有确保不同子系统的信息和管理结构兼容，才能在系统之间形成协调统一的控制机制。只有有效发挥动态管理理念的作用，才能进一步协调不同结构与经济发展战略之间关系的发展。企业管理人员应从宏观角度分析企业的发展状况和发展需求，构建更加均衡的经济发展方案。在这个过程中，企业内部管理会计提供的最直观的信息来源具有非常重要的作用。其次，企业必须从管理理念层面进行集中优化，以确保他们能够运用有效的机制来激发管理会计的积极性。进一步增强潜在能量，体现智能管理和控制机制，增强人性化管理理念与智能管理结构的关系，制定更有效的管理措施和管理措施。最后，企业管理会计师应建立动态的信息收集机制，为领导战略目标提供有效的经济导向，确保企业实现最大的经济效益。

三、创新与发展从加强基础工作开始

管理会计要想发挥决策作用需要大量的信息及数据积累，重视会计的基础工作，健全企业的各种信息资料，建立动态的、完整的基础信息提供可靠的数字来源。严格按照"企业会计制度"的规定，财务会计记录日常业务，登记簿册，并定期编制相关财务报表，准确、客观地反映企业的经济活动和经营成果。数据的准确性、报告的客观性和及时性将对管理会计的工作产生深远的影响。因此，要创新和发展管理会计必须高度重视基础工作。

四、管理会计的创新与发展离不开预算

管理会计最终要通过改变企业的资源配置来实现企业的管理工作，而资源配置离不开预算，使用预算来分配、评估和控制企业内各部门和单位的各种财务和非财务资源。为了有效组织和协调企业的生产经营活动，完成既定业务目标的管理活动。管理会计会从企业整体角度出发制定预算，在企业高级管理层与中下层因预算目标不一致而产生的利益冲突时起到了调和作用。预算制定得更加合理，有利于预算的完成，减少了上层要求企业发展强推预算和下层保留预算的矛盾。管理会计在制定预算时要厘清预算、规划与企业战略之间各个方面的关系，要在企业经营规划指导下完成，促使企业健康可持续发展。有效的实行综合预算，使企业在一定时期内对生产计划、利润收入和成本支出等活动有综合预测和计划，包括财务预算、业务预算和特殊预算，以及确定这些预算是否合理的评估指标和预算指标。

五、管理会计工具的创新与发展

管理会计工具有很多，但如何根据我国国情与企业管理实践合理地使用为管理会计在创新与发展中应该注意的重点。随着近些年管理会计方法学的深入的研究，各种管理会计工具如作业成本法、经济增加值等新的方法体系的应用，它在提高管理会计的功能和应用方面发挥着重要作用。管理会计工具的不断创新和发展依赖于在企业实行的各种工具的实践和科学有效的修订。此外，应开发管理会计工具，通过学习先进的国外管理技术，开发更适合中国国情的管理会计工具。只有不断地进行创新和发展才能获得更大的活力。管理会计工具的创新与发展还在于对现有的工具进行规范与修正，结合我国的市场结构、市场竞争、生产方式等使其更符合企业自身的需要，更具有可操作性。

六、拓展更大的应用空间

时代赋予了管理会计广阔的应用和发展空间，居安思危，管理会计应通过自身的创新与发展创造更广阔的应用空间，通过积极关注企业外部环境的变动，利用竞争者信息、财务信息来构建完善的战略管理会计系统，开展战略规划工作，使公司管理和业务更加灵活。管理会计可以扩展到组织战略，产业链整合和组织间协作，流程导向和价值管理，网络和信息集成等多个空间。打破传统会计确认的约束，以实现灵活性考虑，以优化管理流程和业务为目标不懈地进行创新活动。

七、多学科并举扩展知识架构

管理会计项目的发展不应局限于单一层面，而是需要将各学科与经济学、管理学和社会学理论相结合。在动态演化过程中，形成了一个属于管理会计自身的知识体系，使管理会计的管理方式更加灵活。管理会计就是要在利用不同的管理技术和管理路径的实践中实现自身的创新与发展，为企业经济效益和经济价值做出自己的贡献。

八、强化管理会计的信息化发展

随着网络信息化在会计上的应用，管理会计的创新与发展必然也离不开网络信息化，适应了信息化的发展才能适应会计转型升级背景下的企业对管理会计的管理要求。在以信息化为平台的基础上管理会计应结合多种工具设计符合企业运行的管理模块程序。在模块程序建立后还要经常进行调试以符合决策者的判断和要求。这不仅可以提高管理会计的工作效率，还可以将管理者的想法和业务开展思路嵌入到管理会计信息化的管理中，使得管理会计在管理上的灵活性与准确性在信息化的空间中得以创新和发展。

第八节　成本管理会计创新

随着我国经济的快速发展，企业想在激烈的市场竞争中取得一定优势，就需要有一个先进的成本管理会计体系。由于目前经济环境的不断改变以及技术的迅速更新，传统的成本管理会计体系已经无法满足现代企业的管理需求，所以，成本管理会计的创新已经是迫在眉睫。因此，本节针对这种情况，对成本管理会计创新进行了研究，希望能给广大企业管理者提供一些参考。

随着企业间的竞争越发激烈，企业的财务管理也有了更多的需求。而成本管理会计作为企业财务管理的重点内容，是财务会计和管理会计两者的综合。成本管理会计是通过计算和提供成本信息进行会计方法，其工作直接关系着企业的产品生产与营销模式。所以，从成本管理会计的多个方面进行创新，能够帮助企业适应当前的市场竞争，促进企业的平稳发展。

一、成本管理会计的观念创新

随着社会的发展，无论是经济还是技术都得到了新的发展，人的观念也需要不断地更新才能跟上社会发展的步伐。所以，成本管理会计的观念也要有所创新，才能保证企业的发展。而成本管理会计的观念的创新要从几个方面来进行，一是市场观念。成本管理会计有着调整企业战略和控制企业经营的职能，就应该关注市场的发展和需求，以便帮助企业制定具有一定竞争优势的策略。二是动态管理观念。随着我国计算机使用的普及，信息的传递已经变得更加快速准确。面对市场环境的不断变化，企业要迅速做出相应的决策，以便获取市场的竞争力。成本管理会计作为企业制定策略的重要参与者，一定要抱有动态的管理观念，才能根据企业内外环境的变化，做出企业成本管理正确的分析。三是确立企业长期发展的观念。成本管理会计是以企业利益至上为基本观念的，但是企业利益的获取不能从短期来计较，而是要以企业的长期发展为目标。成本管理会计不仅要为企业短期的效益服务，还要符合企业的长期发展战略。所以，为了保证企业随着社会发展而发展，要对企业的成本管理会计观念进行创新。

二、成本管理会计内容的创新

成本管理会计内容的创新，需要从技术、信息、企业形象和人力资源几方面来考虑。首先，随着现代科学技术的飞快发展，成本管理会计应当重视成本管理中的技术开发、技术管理和技术推广等方面的内容。成本管理会计应当从企业长期发展的角度，对技术成本进行管理。其次，随着信息技术的日新月异，成本管理会计应当注重信息的收集和处理等方面的内容，要做好信息系统的成本管理和分析，使得企业有更多的信息资源，用以制定企业战略。再者，现代的企业营销情况总是受到企业形象好坏的影响，人们对企业形象的印象直接影响了人们对产品的选择。所以，成本管理会计要对企业行为在社会的影响做出分析，在企业的形象树立上做出成本管理分析，以便维护企业的形象。最后，企业的管理仍然离不开人，人力资源成本费用的分析和管理也应该加入到成本管理会计内容中。成本管理会计加深对人力资源的成本管理和分析，能够帮助企业在管理上更好的发展。总之，随着社会的不断进步，成本管理会计在管理内容上也要有所创新。

三、成本管理会计方法的创新

面对激烈的市场竞争，成本管理会计在管理方法上也应该有相应的创新。一方面，市场的竞争越发激励，就说明企业的财务风险越大。所以，成本管理会计应该增加风险控制方法，对企业的成本风险做出基本的分析和管理。风险控制方法是指在接受既定风险的条件下，采取相应措施来降低风险可能造成的损失。其具体措施是通过与其他企业合作，承担共同的风险，来降低风险成本。另一方面，由于目前市场比较开放，所以出现了百家共鸣的现象。企业已经不能靠产品高价出售来获利，只能靠降低产品的成本来保证企业的基本利益。所以，此时成本管理会计应该采用转移成本管理重心的方法进行企业的成本管理。产品的成本可以通过产品开发和采用新材料等方法来降低，这就要求成本管理会计将技术成本合理的管理起来，将成本管理重心转移到降低产品成本上。总而言之，为了适应企业发展需要，要对成本管理会计的管理方法进行创新。

四、成本管理会计组织架构的创新

现代经济的发展，导致了企业在成本管理会计的各个方面进行了创新，无论是成本管理的观念、内容还是方法，都发生了改变。然而传统的成本会计组织架构面对这些创新，已经不具有足够的协调和分析能力。所以，成本管理会计组织架构也应该随着社会发展进行创新。一方面，要建立一个能够提供公司财务信息和管理信息的部门，使得经济和管理信息能够更好地融合。另一方面，企业还要成立专门的组织机构，对成本管理会计各方面的创新进行指导，使得成本管理会计的创新更加规范化。所以，为了适应企业的发展形势，成本管理会计的组织架构也要进行创新。

总而言之，通过研究成本管理会计观念的创新、内容的创新、方法的创新以及组织构架的创新等方面的内容，可以对传统的成本管理会计进行改革，使其适应当前社会与企业的发展需要。成本管理会计的创新，能帮助企业顺应市场发展与需求，生产和销售具有市场竞争力的产品。所以，对成本管理会计创新的研究，对于企业的稳定发展有着重要的意义。

第八章 现代管理会计的应用策略

第一节 建设中国特色管理会计理论体系

财政部于 2014 年 11 月 14 日发布了《关于全面推进管理会计体系建设的指导意见》，该指导意见明确提出要建立中国特色的管理会计理论体系。那么我国管理会计体系的核心内容该如何界定？如何结合我国国情来建立具有中国特色的管理会计理论体系？我国管理会计体系应用面临哪些挑战？这些问题值得我国会计理论与实务界进行深入研究。

为贯彻党的十八届三中全会的改革方针，建立和健全大国财政制度，夯实国家财政治理能力和治理水平，财政部部长楼继伟提出"财政是国家治理的基础和重要支柱，会计是财政的组成部分"，并多次指出要加大管理会计的研究，着力在实际工作中推进管理会计的发展。为此，财政部发布了《关于全面推进管理会计体系建设的指导意见》（简称《指导意见》），作为全面推进我国管理会计体系建设的纲领性文件。

一、管理会计体系的中国特色解读

财政部于 2014 年 11 月发布了管理会计体系建设的指导意见，指导意见明确提出要建设具有中国特色的管理会计理论体系。可见作为会计工作的主管部门，财政部高度重视符合我国企业经营实际需要的管理会计理论研究和管理会计工具的推广应用。我国管理会计体系建设在哪些方面体现了中国特色呢？

（一）有中国特色的管理会计定义

国外有关管理会计组织和会计学者根据各自的认识和把握从不同角度对管理会计的定义进行了描述。我国现代管理会计奠基人和开拓者余绪缨则提出了中国特色的管理会计应具有的特点。此外，我国孟焰、汪家佑、李天民和温坤等学者也都对管理会计的定义进行了研究。

通过对管理会计定义的文献综述可以看出，国内外有关管理会计组织和学者对管理会计的定义也是众说纷纭，存在着较大差异，目前并没有形成一个统一和规范的定义。

财政部 2014 年发布的《指导意见》对管理会计进行了定义，即管理会计是会计的重要分支，主要服务于单位（包括企业和行政事业单位，下同）内部管理需要，是通过利用相关信息，有机融合财务与业务活动，在单位规划、决策、控制和评价等方面发挥重要作用的管理活动。

该指导意见中管理会计的定义将管理会计服务的单位囊括了我国企业和行政事业单位，即要求我国行政事业单位也要高度重视管理会计工作，这可以说具有一定的中国特色。

（二）有中国特色的管理会计体系建设目标

财政部 2014 年发布的《指导意见》，首次提出了我国管理会计体系建设的总体目标。明确了当前我国管理会计体系建设应分别从"管理会计理论体系、管理会计指引体系、管理会计人才队伍建设和管理会计的信息系统建设"四个方面予以落实和有序开展，从而最终使得我国管理会计接近或达到世界先进水平。

财政部作为我国会计事务的主管部门，对外发布《关于全面推进管理会计体系建设的指导意见》，统一部署企业和行政事业单位的管理会计体系建设工作，并提出了相关要求和总体目标，这充分体现了我国管理会计是在政府主导下的"系统工程和一把手工程"，这也说明了我国管理会计工作的全面开展具有中国特色。

（三）有中国特色的管理会计体系实施思路

全面推进管理会计体系建设是财政部门贯彻落实全面深化改革重大决定、推进国家治理体系和治理能力现代化的重要举措。由此可见，管理会计体系建设不仅需要企业负责人高度重视，各级行政事业单位积极参与，更需要各级财政部门高度重视和积极推动。

笔者认为，我国广大企业应从基于提高经营效率、提升价值创造能力、最终实现价值最大化和可持续发展的目的，来系统规划和深入推进管理会计体系建设。各级行政事业单位应从基于提高资金使用效率、规范预算管理、提高资产负债等信息透明度角度，来推动行政事业单位管理会计体系建设工作的有效开展。

二、中国特色管理会计的核心内容

近年来，部分管理会计工具比如：全面预算管理、经济增加值、平衡计分卡、作业成本法、标准成本法、内部控制和风险管理也陆续在我国企业中得到了广泛应用。

三、中国特色管理会计应用面临的挑战

我国越来越多的企业开始重视企业内部的精细化管理，管理会计的作用日益被发掘，越来越多的会计人员也开始意识到只有做好管理会计，才能更大地发挥会计的作用，为企业创造出更大的价值。但是，我国管理会计体系建设依然面临着应用方面的各种挑战。比如，管理会计应用工具应用不太成熟、高级管理人才不足、管理会计信息化系统尚未全面普及、对管理会计的重要性认识尚未到位等不利于管理会计体系的全面实施。

（一）管理会计工具全面推广还不太成熟

国外企业应用比较成熟和流行的管理会计工具主要有：经济增加值（EVA）、市场增加值（MVA）、平衡计分卡（BSC）、战略成本管理（SCM）、作业成本法（ABC）、供应链管理（SCM）、折现现金流量（DCF）、自由现金流量（FCF）等。这就需要对每一种管理会计工具在中国应用存在的问题和挑战进行针对性研究，建立适用于我国企业经营管理实际的特色管理会计核心工具体系。

我国企业在管理会计应用方面也进行了较多实践。比如，国务院国资委 2010 年在中央企业全面推行的经济增加值（EVA）考核与价值管理体系建设。但是，当前我国企业在实际应用 EVA 管理工具过程中也存在一些突出问题和挑战。

通过问卷星软件发放《校企合作问卷调查表（学生用卷）》，收到问卷为 268 份，其中2016 级学生占 145 人，2015 级学生占 123 人，2014 级学生 2 人；通过问卷星发放《校企合作问卷调查表（企业用卷）》，回收问卷为 60 份。调查问卷显示大学生期待改革大学英语教学模式，加强英语听说能力培养，以及掌握专业英语学习。企业希望校企合作能够对大学英语教学改革有启示作用，也显示了企业所需的英语人才标准，以及强调大学生的英语听说能力培养。

经济增加值（EVA）是在对利润进行调整并扣除全部资本（债务和股东资本）成本基础上计算得出的，计算过程较为复杂，影响因素较多，因此，与目前企业普遍熟悉的利润指标相比，EVA 指标比较抽象、不够具体，很难在企业被全员理解和掌握。企业"重投资、重利润、重规模"的经营导向依然很难改变。

2.资本成本率很难根据所处行业进行差异化设置

目前国务院国资委的 EVA 计算细则对绝大部分央企采取统一的资本成本率（5.5%），部分军工、电力等政策性任务重、资产通用性差的央企资本成本率为 4.6%。资产负债率高于 75% 的央企资本成本率再上升 0.5 个百分点。这样的资本成本率设置没有考虑到企业所处行业的盈利状况、资本规模、发展阶段、业务结构等差异性，导致 EVA 指标在中央企业之间的可比性较差，部分央企的 EVA 值和价值创造能力可能因此长期被高估。

资本成本率的高低直接影响 EVA 的高低，因此，资本成本率设置是否合理就严重影响 EVA 的准确性。由于我国绝大部分企业未上市，并且资本市场的报酬率数据失真较为严重，完全根据国外的资本资产定价模型（CAPM）来估算企业的资本成本率，可能会与企业的实际盈利水平严重背离。因此，如何差异化地合理设置不同行业的企业资本成本率给 EVA 和价值管理在企业的应用带来了较大挑战。

（二）高端管理会计人才较为缺乏

高端管理会计人才的缺乏是我国管理会计体系建设面临的关键挑战之一。目前我国大部分企业财务人员的工作侧重于财务报表和税务处理，不能较好地为单位管理高层提供价值管理和项目投资决策的各种财务与管理信息，财务人员对企业经营业务关注较少，对业务部门的信息掌握不充分，不利于企业财务人员成长为决策型管理会计人才。

当前，我国高端会计人才尤其是高端管理会计人才较为缺乏，其中能够较好地为企业管理层在战略制定、投资并购等决策中提供支持的高端管理会计人才严重匮乏。因此，要推动我国管理会计体系建设，推动企业提升管理创新能力，就必须大力培养高端管理会计人才。

（三）管理会计信息化系统尚未全面普及

财政部发布的指导意见要求企业和行政事业单位全面推进面向管理会计的信息系统建设。由此可见，管理会计信息系统建设也是我国管理会计体系建设面临的关键任务之一。虽然我国大部分企业已建立了比较成熟的企业管理信息系统（ERP），部分系统模块具备初步的管理会计决策功能，但标准、智能且成熟的管理会计信息系统目前尚不多见。

笔者认为，我国企业的管理会计信息系统应集成包括全面预算管理、资金集中管理、成本对标与控制、库存管理、资产管理、绩效评价、内部报告等核心功能模块；该系统应有助于充分实现财务和业务的全面融合，最终实现企业价值创造最大化和可持续发展目标。

我国行政事业单位的管理会计信息系统应集成包括资产管理、预算管理、资金管理、财政绩效评价、风险管理、政府财务报告管理等核心功能模块，从而实现行政事业单位提高治理水平的目标。

第二节　管理会计应对环境不确定性的再思考

尽管环境不确定性是一个普遍性的社会问题，但作为一门以实用性为特性的管理会计学科，其对环境不确定性的应对将变得更为迫切；认识与把握环境不确定性的基本特征，提高管理会计指导企业实践及其创造价值中的相关性，是全面推进管理会计体系建设的一项内在要求。

随着企业经营方式的优化与拓展，以及经营范围或领域的不断深入，环境不确定性问题日益为人们所关注。冯巧根曾就环境不确定性下的管理会计对策提出过看法，认为：管理会计主动应对环境不确定性是企业价值创造的客观反映，企业应以顾客价值创造为导向实现企业的价值增值。即：一方面借助于管理会计信息支持系统对信息有用性加以甄别和判断，促进企业管理者对管理会计信息认知能力的提升；另一方面运用行为动机理论，通过管理会计控制系统强化企业的控制机制，推动管理会计体系的完善与发展。

区别于财务会计，管理会计有自身的特性，如其提供的信息及其开发的管理工具能够在实践中体现出可操作性与实用性，且为提高企业管理的效率与效果发挥积极的作用等。随着企业经营的全球化推进，企业面临的环境更为广阔，各种环境的复杂性与动态性使不确定性增强，企业的环境管理变得越来越重要。产生环境不确定性原因是多方面的，譬如资源管控能力弱，企业发展缺乏核心竞争力，或者管理会计的信息支持系统不够及时与有效，管理会计的控制系统缺乏战略性，不够全面与深入等。因此，如何在既有的环境条件下，提高管理会计应对环境不确定性的竞争力，值得进一步研究。

一、研究背景及意义

一般而言，环境不确定性是指存在于企业组织边界之外，并对企业组织具有潜在直接影响的所有因素。正如王斌和顾惠忠所言："不管出于何种原因，现代企业所面临的外部市场的高度不确定性已是一种事实，经济全球化更是加剧了这种不确定性。"经济全球化，一方面，拓展了市场需求和要素供给，为企业（尤其是全球公司）提供了广阔的发展空间和巨大的盈利机会；另一方面，这种全球化的经营也使风险因素增强，并使企业置身于更加激烈的竞争环境之中。企业若要提高自身的核心竞争力，必须在企业管理思想和方法体系上有所创新与拓展，其中很重要的一项工作就是发挥管理会计工作者的积极性。这是因为离开了他们的支持与帮助，企业竞争优势的获取将成为泡影。

研究管理会计应对环境不确定性的能力，可以从管理会计功能与作用的扩展来加以思考，即通过管理会计功能作用的改进与完善来加强对环境不确定性的应对。冯巧根认为，要重视环境不确定性条件下的管理会计创新与发展问题研究，管理会计创新至少有三层含义：一是改革现有的管理会计理论与方法体系，通过优化机制建设来推动和配合其他方面的会计改革，进而促进企业管理的发展；二是改革现行的会计管理体制来适应新的情况，消化制度变迁给管理会计机制产生的压力，实现管理会计自身的可持续发展；三是通过管理会计工具的创新来建立新型的管理会计理论与方法体系。总之，以环境不确定性为主题开展管理会计的相关性研究，其出发点与归宿点还要落在管理会计自身上，研究的目的是为管理会计理论与方法体系的构建提供环境认知方面的知识基础，同时适应新的经济形势，为企业核心竞争优势的获取提供价值管理与价值创造的动力。

管理会计与环境不确定性关系的探讨是管理会计变迁与发展问题研究的基础，积极寻求管理会计应对环境不确定性的对策与思路是经济新常态下企业面临的一项重要选题。加强这方面问题的研究有其积极意义，具体表现在两个方面：一是理论意义。从理论上讲，环境因素是理论构建的最基本要件之一，离开环境问题谈管理会计理论与方法体系建设，必定助长"空中楼阁"的蔓延，结果是"中看不中用"，起不到理论指导实践的效果。尤其在"互联网+"及"中国制造2025规划"等以移动互联网为代表的新经济驱动下，管理会计如何为"大众创业，万众创新"提供有效的管理工具或方法，如何创建符合经济新常态下的管理会计信息支持系统与控制系统的新方法或新手段，需要进行理论的提炼与深入的总结。二是实践意义。从实践角度分析，管理会计工具一般具有较强的专用性特征，它主要是在案例研究的基础上形成与扩展的，即它是在某一家企业或某几家企业基础上总结概括而成的方法体系，具有很强的情境特征。如何甄别各种工具或方法的功能差异，并使其在企业实践中发挥更为积极的作用，需要企业结合环境因素，尤其是针对环境不确定性进行管理会计工具的整合与创新。换言之，管理会计工具或方法体系需要结合对环境不确定性问题的认知，认真而全面地加以研究与改进。否则，其实用性与有效性将大打折扣，可能还会带来某些负面的影响与效果等。

二、对环境不确定性的认识

环境不确定性问题是一个比较宽泛的社会话题，如何结合环境不确定性来认识管理会计的功能与作用，并提高其对实践的指导性与相关性，需要对环境不确定性问题有全面而深刻的认识。从企业角度讲，影响企业的环境因素很多，有时某些因素的影响程度可能并不明显，往往不被企业重视。随着信息技术的发展与企业经营的全球化推进，企业必须认真面对环境不确定性这一现实，并且处理好相关的环境不确定性问题。唯有如此，企业才能保持控制的高效率以及经营的高效益。从经济学角度讲，信息不对称是产生不确定性的原因之一，即：由于缺乏足够的信息，决策人进行决策时往往对外部环境的认知不足，很难针对不确定性的环境做出准确的判断。环境不确定性增加了企业各种战略失败的风险，使企业计算与各种战略选择方案有关的成本和概率发生困难。

企业试图通过分析环境因素使这种不确定性的影响降低，或者力求将各种环境因素的影响减少到使人们能够理解和可操作的程度。美国学者 Duncan 认为，应该从两个维度来确定企业所面临的环境不确定性：一是企业所面临环境的动态性，二是企业所面临环境的复杂性。企业的环境大致分为五种形式：一是渐进型变化环境；二是干扰型变化环境；三是周期性变化环境；四是相机型变化环境；五是随机型变化环境。以往的管理会计虽然注意到了这种环境管理的不确定性，但考察的视野还比较窄，采用的主要手段是进行决策模型设计和敏感性分析模型的构建等，没能从理论的高度形成管理会计决策与分析的应变机制及方法体系。近年来，权变理论在管理会计研究中的广泛应用，就是试图从更灵活的视角来观察企业的价值管理现象。

结合管理会计来认识环境不确定性，需要将组织模式的变革和企业生产方式及其工艺的改进等联系起来予以思考。通过对企业组织结构的调整、管理方式的变革等深入考察，可以对企业组织这一领域的环境不确定性有一全面而正确的认识。具体可以从以下两个方面加以讨论。

（一）组织变迁引发的环境不确定性

单一企业组织的管理向企业群组织之间的管理转变，使企业面临的环境具有动态发展的不稳定性等特征。针对这种环境不确定性，管理会计的应对方法之一是实施组织结构的调整：一是设置对应于外部环境的缓冲部门；二是将传统机械的组织结构转变为权变灵活的组织结构。组织变迁是一种客观必然，这是因为，随着经营范围的扩大，企业之间的相互依赖程度就会增强，企业与企业之间沟通、交流以及经营往往会增多，传统单一企业稳定、主导的管理方式就会转变为动态、不确定性的管理方式。组织边界的日益扩张，使组织间的产品生产与分工合作变得更加密切，基于产业链的资源整合与信息集成，要求组织间实施战略合作并实现信息共享。此时，管理会计的重要性被突显出来，管理会计能够借助于信息支持系统，为企业发展提供财务与非财务信息。管理会计信息涵盖企业管理者需要的全方位的信息内容，包括战略、经营决策和管理活动等各个层面，管理会计为企业进行明智、科学的决策提供帮助。与此同时，管理会计控制系统通过利用这些信息，帮助企业规划发展战略，并努力提升企业的核心竞争力，进而建立起长期的竞争优势。譬如，围绕产业集聚区域的企业上下游价值链活动，通过各种长短期契约（尤其是长期契约），或者股权投资（如参股）、建立经营共同体（如创办合资、合作企业等），或者采用并购等资本经营方式，强化企业间的横向联系，扩展企业边界，实现组织间价值链的整合与优化，实现信息共享、利益合理分配等集群目的。

为了有效应对组织变迁下的环境不确定性问题，管理会计需要考虑各种与组织相关的影响因素，增大信息含量并据此开展预测。管理会计信息支持系统应用的"大范围信息"就是结合大数据内容进行整合和甄别后的信息，互联网时代的"大数据"给管理会计带来新的机遇，提高了管理会计应对环境不确定性的能力。与传统分析时代的样本分析与局部分析不同，互联网新经济时代的大数据技术是一种知识的分析，它通过物联网将传感器与外界联系在一起，企业自主"捕捉"信息，需要的留下不需要的放弃，充分利用信息，及时反馈信息，真正实现了管理会计事前、事中与事后的结合。面对这种新情况，企业应该善于应用大数据开展环境不确定性的应对，加快管理会计创新，具体包括产品创新、运营模式创新、业务模式创新等各项活动，同时推动管理会计工具的开发与创新。由此可见，基于大数据的"大范围信息"是管理会计应对环境不确定性的一种重要手段，它有助于减少或消除环境不确定性带来的负面影响，实现管理会计为企业价值创造和价值增值服务的基本目标。

（二）职能转变引发的环境不确定性

经济新常态下，企业的职能管理需要向流程管理转变，需要主动适应经济结构转型升级以及企业发展曲线增长的新特征。这种"新常态"使环境不确定性的复杂性变得更加突出，更加难以控制。以往，在企业传统的职能管理体制条件下，管理会计存在的主要问题是成本转嫁、预算松弛和资金游戏等逆功能现象，虽然也具有一定的复杂性，但其发生与应对的规律已基本为人们所掌握。然而，从单一企业向多企业协作的转变过程中，这种传统的职能管理方式不仅使原有的规则不再有效，且不利于组织间整体竞争力的提升及总成本的降低。为了积极应对环境不确定性，组织间关系管理要求对传统的职能管理系统进行拓展与集成，提高管理会计的权变性。譬如，延伸管理会计控制系统的时间坐标，扩展管理会计控制手段与方式的空间范围，以及加深组织经营与投资过程中的管理会计功能和结构等。

随着企业职能管理向流程管理的转变，管理会计信息支持系统增强了自觉应对的内在行为动机，即积极满足组织对管理会计工具或方法应用的多主体、多区域、多阶段、多职能的整合与集成需要，提高控制与管理的效率与效果。此外，为了提高管理会计应对环境不确定性的相关性与有效性，进一步完善与发展管理会计的控制系统，加强内部控制制度体系与管理会计控制制度的协调与沟通十分必要，且在当前具有积极的现实意义。换言之，通过管理会计控制系统加强管理会计应对环境不确定性问题的研究已不可或缺。

三、管理会计功能扩展与环境不确定性

传统的管理会计功能体现的是一种"自上而下"的传导路径，是管理会计内容的一种延伸。自20世纪80年代初期导入管理会计以来，各类教科书几乎没有对管理会计内容进行有成效的改进与创新。面对经济新常态下的外部环境，尤其是在环境不确定性的条件下，积极扩展管理会计功能是会计界面临的一项重要课题。

（一）管理会计概念视角的功能作用

财政部2014年10月正式发布的《全面推进管理会计体系建设的指导意见》（以下简称"指导意见"）对管理会计概念作了如下表述："管理会计是会计的重要分支，主要服务于单位内部管理需要，是通过利用相关信息，有机融合财务与业务活动，在单位规划、决策、控制和评价等方面发挥重要作用的管理活动。"而同一时期，英国皇家特许管理会计师公会与美国注册会计师协会携手推出的《全球管理会计原则》（以下简称"全球原则"）中对管理会计的定义为："管理会计通过全面分析并提供一些能够支持企业开展计划、执行与控制战略的信息，来帮助企业做出明智的决策，进而创造价值，并保证企业持续性地成功。"财政部"指导意见"中的定义针对的是所有关心管理会计的人群，采用的是介绍性的表述方式，其界定了管理会计的外延（它是会计的一个组成部分），明确了管理会计的定位（单位内部管理需要）及功能作用；而英美"全球原则"中的定义针对的是会计人员，它着重强调的是管理会计的功能作用，在该定义的内容上，首先表明管理会计的信息功能，其次强调管理会计控制功能（明智决策、创造价值及可持续成功）。尽管这两个定义存在较大的表述上的差异，但两者在功能作用的需求上却是基本相同的。财政部"指导意见"定义中的"发挥重要作用"，就是要求管理会计能够为企业科学决策（明智决策）、价值增值（创造价值）和持续性成功提供保证。

应该说，英美国家管理会计实施的时间长，经验丰富，人们对管理会计的认知也较为全面，不需要再对管理会计的外延等加以说明；而中国管理会计的应用时间短，许多人对管理会计的认知还处于模糊阶段，所以在概念中多一些解释性的文字也是正常的。当然，各国文化价值观不同，在概念表述上采用不同的形式也属于一种正常现象。总的来说，我国的管理会计体现的是政府导向与市场化自主导向的统一，管理会计定义充分体现了经济新常态下会计工作所具有的包容、持续、健康发展的内涵或特征。结合上述两种定义的解

读，管理会计的功能作用主要体现在三个关键词上，即"价值增值"、"管理会计信息支持系统"和"管理会计控制系统"。或者说，管理会计就是企业组织围绕信息支持系统与管理控制系统，以实现价值增值这一目标而开展的一系列管理活动。管理会计的功能作用就是要在为顾客创造价值的同时，努力实现自身的价值增值，即开展所谓的"顾客价值创造经营（Customer Value Added Management，CVAM）"。这种"顾客价值创造经营"的两种手段是：①信息支持系统。它是一个通用、客观、透明的精细化价值驱动因素（Value Drivers）分析与决策的信息平台。②管理控制系统。它是一个基于价值驱动因素分析后对组织经营活动的行动规划、细化与管理控制的控制体系。

（二）应对环境不确定性的管理会计功能扩展

传统的管理会计功能是按内容延伸的，其作用往往较为滞后。国内现有的一些管理会计书籍一般将管理会计的功能归纳为以下五个方面：①计划功能；②控制功能；③决策功能；④成本管理功能；⑤激励功能。这种功能定位已难以适应当前环境不确定性条件下管理会计发展的客观需要。结合上述财政部"指导意见"和英美"全球原则"的定义，可以将管理会计功能作用归纳为以下两个方面：一是信息支持系统的功能作用。它透过业务经营、流程、作业分析等，进行相关成本计算，收集并提供各种管理信息，如产品成本信息、产品及作业质量信息、时间信息、产品及顾客营利性信息等，从而支持管理者进行决策与控制。二是管理控制系统的功能。其主要环节包括：①在明晰组织长期目标与战略的基础上，将组织的中长期目标与战略规划具体化，使之可衡量、可执行；②组织结构与流程调整，即根据环境变化及管理跨度需要，设置与组织目标相一致的组织架构与业务流程，并根据业务流程与组织架构分配权利、责任；③任务设定，即为组织目标设定和选择行动计划，识别具体的关键业绩衡量指标或"价值驱动因素"，为业绩指标设立标杆并分配实现业绩所需的资源；④实施控制，即主要通过信息报告监督战略实施与执行情况；⑤业绩评价，即评估分析战略执行的成功度，实施经营业绩和管理业绩评价，并将评价结果与奖惩相挂钩。这种依附于管理会计两大系统上的功能定位使管理会计实现了"一体两翼"（以价值增值为"体"，以信息支持系统和管理控制系统为"翼"）的功效。

从企业实践角度讲，它属于决策等方面的功能需求。其他象限则各有侧重，可以结合企业的情境特征对管理会计功能进行自行定位或价值判断。通过明确管理会计两大系统的功能作用，可以加深人们对管理会计的认识，并提高管理会计的主动性与自觉性。将管理会计功能定位在两大系统上，既有助于应对环境不确定性产生的各种负面影响，还可以提高管理会计的市场化属性。这种设计与法国管理会计界提出的管理会计功能结构具有相似之处，即从两个视点来观察管理会计功能。法国管理会计的两大坐标分别是：①经济计算功能和信号传递功能；②生产、技术导向和组织结构的功能。上述形式的功能划分有其积极意义：一则它的包容性强，有助于拓展管理会计发展的空间；二则它为各种管理会计理论与方法的发展提供了一个分析的框架结构。并且，借助这一框架，增强了企业应对各种外部经济、金融等国内外环境不确定性的信心与能力，为企业提高核心竞争力提供了有力的武器。

四、提升管理会计相关性，积极应对环境不确定性

传统的管理会计控制局限在单一企业的视野，应扩展控制的边界，增强企业行为动机的自主性与能动性，这是因为，"行为动机与管理会计的控制系统具有相关性"。为了优化管理会计的控制机制，可以将经济学理论中的"经营权控制"与"剩余权控制"等概念引入到管理会计的控制系统中来，并灵活地加以应用。在经营权控制中，传统的预算管理、标准成本等工具能够为组织的业绩评价等产生积极的效果；应用现代的管理工具，如作业成本管理、资源消耗成本管理及平衡计分卡与经济增加值等，则可进一步提升管理会计控制系统的效率。剩余权控制是当前探索激励约束机制的管理概念，组织的上层管理者需要明确地设计出一种能让组织成员接受与理解的价值观和方法论。剩余权控制的规则制定是规范具体行为的控制系统。剩余权控制中的"剩余"概念有助于创新，同时还可以防止组织成员行为的过激，起到制约组织行为结构的功效。

（一）"价值增值"视角

管理会计的价值增值，既要强调企业的价值创造，更要突出企业的价值实现。这是因为在环境不确定性大量存在的情境下，创造价值并不等于实现了价值增值。管理会计的价值增值是企业内在价值与外在价值的统一，从企业的内在价值考察，企业组织必须努力创造顾客价值。顾客价值指的是顾客感知价值（Customer Perceived Value），它是感知利得（Perceived Benefits）与感知利失（Perceived Sacrifices）之间的权衡。彼德·德鲁克说过，企业的目的只有一个正确而有效的定义，那就是创造顾客。管理会计就是要实现"顾客价值创造经营"。外在价值代表的是由外部投资者认可的企业投资价值，就上市公司而言，其直接的反映便是股票市值。内在价值与外在价值的统一，使企业价值管理上升至战略的高度，并从企业治理的全方位、全过程上加强价值的运筹，最终实现企业组织的价值增值目标。进入 21 世纪以来，企业的一切价值管理活动已经转向顾客价值创造经营，即通过为顾客创造价值来获得企业的价值增值。从价值增值视角考察环境不确定性的应对策略，是管理会计体系建设的重要内容之一。

（二）"信息支持系统"视角

管理会计作为一种信息支持系统，是一个通用、客观、透明的精细化价值驱动因素（Value Drivers）分析与决策的信息平台，它通过经营活动、流程设计与再造以及作业活动分析等，对这些经济活动进行成本计算、收集和整理，并据此提炼出各种管理所需的财务与非财务信息，具体如产品成本的信息、产品及作业质量信息、时间信息、产品及顾客满意信息等，以支持企业的管理者识别、判断其有效性，服务和优化企业的经营、管理决策。管理会计的信息支持系统要注重培育企业的文化价值观，"任何企业的组织文化都与管理

会计的信息认知相关"。组织文化的解释与传递功能能够增进企业对信息的认知，并在应对环境不确定性上对管理会计功能产生影响。

如果不重视企业文化在应对环境不确定性方面的重要作用，往往易使企业面临重大的风险并发生巨额的亏损。譬如，20 世纪 80 年代日本成为世界制造中心后，开始高调收购美国的资产，其中包括 Firestone 轮胎公司和好莱坞的哥伦比亚影业公司。但是，几乎没有一桩收购案能给日本买方带来预想的收益，大部分日本公司在美国的收购都以惨败告终，Firestone 公司和哥伦比亚的收购最后分别损失了 10 亿美元和 32 亿美元。虽然这种收购失败存在着多种因素，但是，其中最为重要的原因还是合并双方不能克服国民和企业层面的文化差异。因此，当前在环境不确定性分析中引入企业文化，重视企业组织的行为动机是极为必要的。再以房地产企业为例，通过管理会计信息支持系统对房地产企业进行价值识别，可以增强企业价值增值的效率与效益。以快速周转为盈利模式的住宅房产开发企业，其管理的重点应放在地块的获取、规划设计、施工建设及销售回款的项目周期管理等各个环节，即要求以快取胜。而采用高端特色产品开发为盈利模式的房地产企业，其管理的重点应放在产品本身的位置及设计理念、材料的选择等方面。商业地产与住宅地产的盈利模式同样存在差异，商业地产通过其持有的物业的租金和物业的增值来获利。因此，与商户的合作管理变得十分重要。不同的商户在盈利贡献方面的情况是地产公司衡量不同客户盈利能力的基础。由此可见，信息支持系统是管理会计控制系统有效发挥作用的前提与保障。

（三）"管理会计控制系统"视角

本节是对环境不确定性下管理会计对策的再思考。全文对环境不确定性进行了再认识，对财政部及英美国家的管理会计定义进行了比较与分析，同时从功能扩展的视角提出了管理会计的"一体两翼"观点，并围绕"价值增值"与"信息支持系统"和"管理控制系统"提出了应对环境不确定性的具体对策与思路。本节强调的一个基本观点是：环境不确定性的综合治理必须始终坚持价值增值的信念不动摇。管理会计的信息支持系统是环境不确定性条件下管理者履行价值增值责任的重要手段。当组织成员与组织的知识创造结合时，必须拥有价值增值理念，价值增值促进了企业的计量与披露，借助于价值增值动机也能够充分映射出管理会计控制系统的重要性。

从应对环境不确定性的视角看，管理会计控制系统是增强价值实现的功能机制，具体包括：①价值创造中的能力管理。一是战略定位，即保证企业组织的战略方向不异化，持续提升市场竞争力；二是价值创造，通过作业管理反映价值、战略管理规划价值、业务战略创造价值、风险管理保护价值等手段，提升管理会计控制系统的效率与效果；三是价值链分析，借助于企业价值链、行业价值链及竞争对手价值链分析，将供应链管理向需求链转变，从单一企业的管理会计向企业集群的管理会计方向升级与优化。②价值实现中的价值流管理。价值流指的是企业内实现某一特定结果的一连串活动。管理会计控制系统需要对企业的价值流进行重构，减少各条价值流中的无效活动，一般可以通过全面质量管理

（TQM）、业务流程再造（BPR）等手段加以甄别。价值流是价值链的扩展，是动态发展的。它强调顾客满意这一基本需求，并关注其价值贡献与价值流的横向联系（傅元略，2004）。③价值实现中的成本管理。成本管理是企业价值增值中一项最基础的工作，主要包括作业动因与成本动因等。从价值管理的角度看，作业动因是创造价值的原动力。成本动因可以进一步细分为结构性动因（如规模、地点选择等）、执行性动因（如供应链关系、发生的次数等）。④价值创造中的资金管理。企业价值增值必须强化资金控制，管理会计中的资金管理主要体现在预算管理、责任中心管理等资金计划执行情况的管理。

结合前面提出的管理会计"一体两翼"的内涵，相应的"环境不确定性与管理会计的相关性"认识也可以从"一体两翼"涉及的三个关键词入手加以展开。

展望未来，管理会计应对环境的不确定性，可以进一步将心理学与社会学等观点应用于管理会计的研究之中，更多地展现多学科理论整合的潜力，并为管理会计的发展提供新的方向。今后，从社会与文化的视角来重新审视管理会计，并引入认知学理论来看待管理会计文化对环境不确定性的表征传递效果，可以说是一种创新。

第三节　加强管理会计人才队伍建设

财政部《关于全面推进管理会计体系建设的指导意见》明确了管理会计人才培养的方向，提出了以理论、指引、人才、信息化为主体，同时推动管理服务市场发展的"4+1"管理会计体系基本框架。如何在新经济常态下提升我国管理会计人才队伍水平，建立健全人才能力框架，完善认证制度成了管理会计发展的首要任务。

我国有1 660万会计人员（总会计师20万，会计领军人才1000余人），为经济社会发展做出了巨大贡献。但是我国还仅仅是一个会计人才大国，而非强国，队伍的建设偏重于核算与信息解释型会计人才，而价值创造型管理会计人才严重缺乏，缺口达300万以上，并且现有会计人员素质参差不齐，缺少扎实的管理会计理论知识与实践经验，与价值创造型会计人员标准存在较大差距，不能为经济社会健康发展提供足够的人才与智力保障。

一、加强我国管理会计人才队伍建设的必要性

（一）人才是推动管理会计改革的关键

为了适应加入WTO后的国际经济新秩序，契合我国经济发展新常态，国务院、财政部于2002年首次提出了人才强国战略，2010年又发布了《国家中长期人才发展规划纲要(2010—2020)》，对人才的发展进行了顶层设计，"十八"后习总书记对人才战略多次做出重要指示，管理会计人才作为维护市场经济秩序不可或缺的力量，一直以来受到党和国家的高度重视，并且取得了显著的成绩，同年，财政部颁发了《会计行业中长期人才发展规

划 (2010—2020)》，2014 年又颁布了《财政部关于全面推进管理会计体系建设的指导意见》（以下简称意见），明确了我国管理会计改革应该由核算与信息解释型人才向价值创造、风险控制、战略规划、信息技术等方面转化，明确了人才作为管理会计改革的首要作用。

（二）人才是提升财务管理水平的关键

随着我国海外并购、海外投融资、国际援助等走出去战略的实施，企业面临来自资金、技术等冲击，更面临管理模式的压力，如何增强我国企业财务管理水平成为不二选择。如何培养一批熟悉国际会计规则、能够独立进行成本控制、预算控制、战略统筹、风险控制的管理会计人才，挖掘我国企业的核心竞争能力，积累面对国际市场竞争的经验也成为管理会计改革的必然选择。

（三）人才是单位经济结构转型的关键

经济的发展对会计人才提出了更高的要求，如何在经济新常态下成功地实现供给侧改革、实现单位经济结构转型，是将社会主义事业稳步推向前进，实现各项社会主义建设目标的必要保障，管理会计作为应对经济新常态的重要工具，要坚持价值导向与战略引领，充分利用信息技术资源，健全预算控制、风险决策、战略决策、薪酬管理等体系，积极地开展从业人员学术交流、业务培训、教材编写、案例研讨与推广，

二、管理会计人才队伍建设现状

（一）人才培养机制未建立

美国商业周刊在 2014 年发表的文章《中国经济增长继续乏力》一文中提出："中国经济增长基本来自设施和劳力的投入，而管理水准的提升带来的增长微乎其微，这样的增长方式是非可持续发展的"。虽然我国从 20 世纪 70 年代就开始试水管理会计（当时并未明确称谓），但是会计从业人员对管理会计认识处于完全陌生的状态，这是长久以来并未建立完善的人才培养体制机制而带来的直接后果，2014 年作为我国管理会计改革元年，人才培养机制应该作为此项工作的首要任务并立即着手解决。

（二）企业缺乏积极认识

国外企业十分重视管理会计在日常经营中的作用，其会计人员 75% 会参与到管理会计工作，而我国不足 3%，差距显而易见，这也是为什么中国企业缺乏战略思维、顶层设计思维、国际核心竞争力的主要原因之一。管理层缺乏管理会计在运营中重要作用的认识，过分注重短期经营成果，部分企业管理层对管理会计持消极态度，这也影响了其在我国的推广步伐。

（三）高校人才培养模式不健全

由于管理会计工作深入运用才刚刚起步，作为世界第二大经济体 (IFM 预测 2020 年将成为第一大经济体），渴求大量的管理会计高级人才，如何在较短时间内完成较多数量、

较高素质人才的培养，也成为摆在政府主管部门面前的一道难题。高校作为培养主体，承担了艰巨的任务并取得了显著的成绩，但是仍然没有跳出理论与实际脱钩的困境，导致培养的部分从业人员不能适应岗位的需求，过多的集中于低端人才，高、精、尖人才严重缺乏。课程设置、实践实训、师资队伍、教学投入等方面仍然需要改革。

（四）职业资格与继续教育管理不完善

我国目前没有完整的管理会计职业资格认证体系，缺乏权威体系的人才培养评价渠道，造成从业人员素质参差不齐，管理会计工作水平评价只能通过经营业绩模糊反应，无法取得可以量化的评审指标，从业人员通过自学、继续教育的方式获得零散的知识积累，其工作也无法获得组织或社会的认定认可，这严重影响了从业人员自我提升的积极性。继续教育知识体系不规范、授课人员缺乏、认证制度未建立等也成为管理会计人才队伍建设的瓶颈。

三、管理会计人才队伍建设的途径

（一）建立健全人才培养机制

管理会计作为新生事物（对绝大多数从业人员来说），没有自上而下的人才培养渠道，而我国有比较成熟的会计从业人员培养机制，从财政部到地方财政局有科学系统的培养路径，可以在沿用此渠道的基础上消化吸收西方的经验，完善管理会计从业资格、职业技术等级、行业协会注册资格等类型考试，或者将管理会计职业资格与现行会计职业资格考试融合，当然这也会增加会计从业难度，不过这也是会计人员适应新经济常态的必然代价。

（二）提高人才培养意识

通过媒体与政策倾斜，从政府主管部门层面自上而下积极营造推行实施、积极参与、主动介入、主动提升的氛围，加强对企事业单位财务管理层的培训与引导，从领导层转变管理会计观念，提高管理会计在实际应用中的地位。单位可以建立统一领导、专人负责管理会计内控制度，选拔专门人才进行管理会计的推行与实施，实现与财务会计在职能层面的分离，以便于直接为决策层提供有效数据。

（三）重视高校对人才培养的作用

我国目前对管理会计人才的培养主要以学历教育为主，继续教育作为补充，资格考试、提升培训并行的模式，高校作为人才培养工作的前沿阵地，应该积极承担教改工作，通过对典型企业的深入调查与研讨，充分凝聚行业专家、监管部门、科研院所等的智慧与力量，"集众思，广忠益"，在保证质量的基础上，改革现有课程体系，使其更加符合社会对管理会计人才的需要，改革实践模式，完善师资队伍，调整培养目标，紧紧围绕市场需求培养合格的人才。国家从政策层面强化企业对管理会计人才培养的责任，加强校企合作，为高校学生提供优质的实践实训平台。

（四）完善职业资格与继续教育机制

尽快建立管理会计职业能力框架结构，为资格准入提供导向，从国家层面尽快建立管理会计职业资格准入与评价体系，系统、科学地制定考试大纲和内容，严把准入门槛，切实提高从业人员的素质，以适应高速发展的社会经济需要。为了节约时间与成本，可以在现有会计考试渠道上建立 3+1 的考试制度，即：初、中、高＋注册管理会计师制度，抽取会计领军人物、总会计师及行业专家组成指导委员会，编制与经济发展需要相适应的教材，从战略制定、预算控制、内部管理、成本控制、风险控制、信息技术、企业合并、绩效评估等决策层面丰富考试体系。通过外引内培的方式提升人才队伍整体素质。结合手机 APP、面授、远成教育、自主学习等方式，建立定期继续教育机制，更新从业人员知识结构，训练其专业技能，掌握前沿的管理会计动向。

在经济新常态下，管理会计人才的培养与储备任重道远，挑战与机遇并存，弹指一挥的 40 年，我们错过了良好的发展机会，《指导意见》的发布为我们吹来了管理会计改革的春风。我们坚信，管理会计从业者一定会把握住时代的脉搏，乘风破浪，直挂云帆。

第四节　建立健全管理会计信息系统

在企业中构建管理会计信息系统，可以降低信息服务的成本，提高企业的经济效益，因此对企业中构建管理会计信息系统进行分析，可以促进企业的进步和发展。本节主要针对企业管理中构建会计信息系统过程中的目标设计环节、企业中构建管理会计信息系统要遵循的原则以及企业中构建管理会计信息系统的主要思路三个方面问题进行了探讨和分析。

随着社会的进步和经济的发展，全球都在朝着信息化的方向发展，为了降低企业中管理会计信息工作的成本，提高企业的经济效益，企业可以结合自身的发展需要和实际情况在企业内部构建管理会计信息系统，这样不仅可以提高企业中信息服务的质量，还可以在很大程度上扩大信息服务的范围。

一、企业中构建管理会计信息系统过程中的目标设计环节

（一）通过管理会计信息系统的构建实现对全民的信息化服务

从企业管理会计信息系统所服务的对象这个角度来说，企业中所有管理者所需要的全部信息都应该被管理会计信息系统交互起来，这样才能尽可能地使企业内部中每一个有信息需求的工作人员或者领导阶层人员能够通过信息系统来获取其所需要的不同种类的信息。也就是说，企业中会计信息系统为企业中工作人员所提供的服务的范围具有一定的全局性，同时所服务的对象则具有一定的全员性，因此管理会计信息系统的建立是将整个企

业的稳定发展作为基础的，并不是单纯地为了给企业中的高层管理人员提供信息服务。由于会计信息系统的最主要功能就是为有信息需求的企业内部工作人员提供相关的信息，这就需要对企业中每一个会计管理部门和单元的信息需求进行全面的调查和了解，针对企业中不同层次、不同级别的管理者对于信息的不同需求，企业中管理会计信息系统就要对服务对象以及不同服务对象所需要的信息内容进行全面细致地梳理。

（二）通过信息系统的构建实现全网信息的交互

在进行企业中管理会计信息系统构建的过程中，信息系统中的每一个与信息相关的主体以及终端都要在系统中成为相关信息的提供者以及使用者。从根本上来说，企业中建立管理会计信息系统的目的就是为了在一定程度上降低信息服务的成本，同时还能够提高企业中信息服务和信息传播的质量和效率。需要注意的是，企业中的管理会计信息系统应该尽可能地让每一个管理人员都能够成为对会计进行有效管理的信息终端，具体来讲，管理人员通过相关的管理工作得出信息和数据，然后将数据和信息输入到会计信息系统中，信息系统对这些信息进行整理和加工，如果其他管理者有相关的信息需求，那么信息系统就能够为其提供相应的信息服务，即提供管理者所需要的会计信息和数据，这样企业中负责会计管理的工作人员的信息需求就能够快速高效地得到满足。

二、企业中构建管理会计信息系统要遵循的原则

（一）遵循战略导向原则

企业内部在构建管理会计信息系统的过程中，首先就要从管理会计工作的根本目的和本质要求出发，也就是要严格遵循战略导向原则。具体来讲，企业发展和规划过程中的战略方向是企业中构建管理会计的基础，同时，管理会计系统的核心价值就是为企业的发展和进步提供连续的价值和动力，企业通过构建管理会计信息系统能够实现可持续的发展。基于此，企业在进行管理会计信息系统的构建时应该始终将企业战略导向作为构建系统的重点之一，管理会计信息系统的发展应该与企业的战略导向相吻合，同时，管理会计信息系统中还要具备对企业中组织的绩效进行关注的功能，这样才能通过管理会计信息系统来实现对企业重要组织的有效控制，使其的运行和发展与企业战略导向相适应。

（二）要遵循企业中全员管理支持的原则

从一定程度上来说，企业中的管理会计信息系统能够为各个责任单位、不同的管理部门甚至可以说企业中的每一个工作人员提供信息服务，责任单位、企业中的管理部门以及企业中的全体工作人员在应用管理会计信息系统的过程中，要么是信息的提供者，要么是信息的使用者。企业中的管理会计信息系统可以应用到企业中的不同工作部门中，或者是不同种类工作的环节和流程中。企业中工作部门在具体应用管理会计信息系统的过程中，要将工作的环节和流程作为基础，同时还要应用一些管理会计工作中会涉及的工具或者方

法，尽可能地实现部门中财务和工作业务的结合，这样才能在部门的日常工作中充分发挥管理会计信息系统的作用，这种情况下，管理会计信息系统就能够得到进一步地发展，那么管理会计信息系统在企业内部不同的部门和工作中就能发挥更大的作用。

（三）要遵循管理会计信息共享的原则

从信息成本的专业理论角度来看，企业中如果能够在一定程度上降低信息工作所需要的资金成本，那么企业的经济效益就能够在很大程度上得到提高。管理会计信息系统在企业中运行和工作的重要作用之一就是尽可能地降低企业中进行管理会计信息工作的资金成本以及人力物力资源，同时，还要提高管理会计信息的准确度和实效性，这是管理会计信息系统在企业发展中发挥较大作用的基础和前提。也就是说，要提高管理会计信息系统在企业相关工作中所发挥的作用，首先就必须完成管理会计信息的集成工作和共享工作。在相关的工作人员完成了对信息进行采集以及对相关的数据进行整理和加工的工作之外，便将这些数据和信息全部储存在一个存放专门数据的数据库当中，即便是管理信息的主体不同，不同主体有相同的管理会计信息需要时，便可以通过信息系统来查询相同的数据和信息，这就在很大程度上提高了信息服务的工作质量和工作效率。

三、企业中构建管理会计信息系统的主要思路

（一）企业中构建管理决策主体时应当以责任中心为单位

企业在进行管理会计信息系统构建的过程中，管理决策的主体就可以设置为企业内部工作和运行过程中的责任中心。也就是说，企业构建管理会计信息系统应该将企业中工作的责任中心看作进行信息服务的主要服务对象，同时又要将其看作信息方面工作的单位，因此，企业中构建管理会计信息系统时应该将责任中心作为重点部分。为了能够尽可能地在管理会计信息系统中实现本节中所描述的信息系统目标，也就是说为了尽快实现信息服务的全民性，就必须使信息的主体以及客体朝着标签化的方向发展，这样才有可能实现对企业中不同部门日常工作的信息化追踪，同时还能实现实时的监督和检测。为了将企业中责任管理会计的工作体系进行梳理和澄清，企业首先要做的就是实现管理会计信息系统中信息主体的标签化发展，然后再将其投射到管理会计信息的系统中。需要注意的是，在进行这项工作的过程中，企业内部正常进行工作的组织和部门应该在系统中将每一个工作人员所负责的管理单元进行投射。

（二）将管理会计信息系统的管理职能作为依据来分析主要作用

管理会计信息系统所包含的管理职能就是指对企业中管理会计的相关工作环节和流程以及管理活动来进行信息化的跟踪和监督，这样就能够对企业中的管理活动进行信息化的模拟，但是前提是管理活动必须要实现信息的标签化。企业中管理会计信息系统中可以依据管理职能特征和特点，被划分七个部分的环节和流程，这七个环节可以在企业中的管理

会计信息系统中构成一个循环，一项管理会计的工作在完成了循环之后，这项工作才可以被认为已经完成。

（三）通过财务共享中心功能来对管理会计的重要信息进行整理和共享

一般情况下，企业中所构建的管理会计信息系统中进行数据和信息处理的数据处理中心都是信息共享中心。其中，对相关的信息进行聚集并对信息进行共享，这样才能构成共享中心运行和工作的基本客观条件。在利用信息共享中心的过程中，要充分利用信息化手段来尽快打通用于信息交互的信息渠道，这样才能更好地实现企业中不同部门之间的管理会计信息的沟通和交流工作，进而这些部门利用管理会计信息系统进行工作的质量和效率就能够得到有效的提高。

四、企业管理会计信息系统构建案例分析

（一）公司概况和组织结构

该公司主要从事汽保设备生产与研发的企业，主要产品有轮胎拆装机和车轮平衡机两大系列的产品，产品销往全国各地，并出口到美国、澳大利亚、德国和南非等国家。如今，该公司的发展规模不断扩大，为了更好地提升自身的市场竞争力，急需构建一套系统、完善的企业管理会计信息系统，从而为管理决策提供参考与借鉴。

在企业管理会计信息系统构建过程中，公司组织结构所发挥的作用是不可替代的，不同的组织结构形式将会对企业管理会计信息系统的结构和功能产生一定的影响，通过对企业的组织结构进行研究，可以更好地了解和掌握在企业发展中财务部门的地位，及与其他部门之间的数据交换和业务关系，进一步明确财务部门与企业内部间的数据流程和业务流程。

（二）会计信息系统功能结构

分析发现该公司会计信息系统功能结构主要包括总账系统、固定资产管理系统、工资管理系统、采购与应付系统、销售与应收系统、资金管理系统、报表编制系统、预算管理系统、决策支持系统、成本管理系统。

（三）公司信息需求分析

在经济社会发展过程中，市场竞争和企业竞争越发激烈，管理者的每一项决策都对企业会计信息产生较大的依靠。在对该公司进行调查与研究发现，要想更好地推动该公司的发展，就需要通过构建企业管理会计信息系统，来为获得企业发展的全面信息，以更好地满足下述信息需求：①企业管理会计信息系统可以提供供销商的相关信息，从而为管理者的采购决策提供参考和借鉴；同时还需要收集和整理竞争对手的产品、营销策略、价格信息等，并制定针对性的产品营销策略；②企业管理会计信息系统可以提供客户对产品的反馈信息及客户订单的信息，从而为生产计划、产品性能改进计划、营销计划等提供参考；

③企业管理会计信息系统能够提供用于长期和短期投资决策的数据，并开展营运能力分析、经济价值分析、获利能力分析、现金流量分析等；④企业管理会计信息系统可以为企业提供业务事件完整信息，不要简单地以借贷分录形式来展示会计信息；⑤在业务发生时，企业管理会计信息系统可以对业务事项信息给予实时采集。

（四）会计信息系统层次结构的构建

通常情况下，企业管理会计信息系统的功能主要包括会计核算、定期向用户提供会计报表、决策的相关信息、提供支持管理等。会计决策支持系统可以对大量数据进行分析后为管理者提供所需信息。如今随着该公司的不断发展，数据采集和处理难度不断增大，需要数据仓库技术和数据挖掘技术来确保决策支持系统的正常进行，为企业的发展奠定良好的基础。

企业管理中构建会计信息系统过程中的目标设计环节分别有：通过会计信息系统的构建实现对全民的信息化服务；通过会计信息系统的构建实现全网信息的交互。企业中构建管理会计信息系统要遵循的原则分别有以下几个方面：遵循战略导向原则；遵循企业中全员管理支持的原则；遵循管理会计信息共享的原则等。

企业中构建管理会计信息系统的主要思路分别有：企业中构建管理决策的主体时应当以责任中心为单位；将管理会计信息系统的管理职能作为依据来分析企业中管理会计信息系统的主要作用；通过管理会计信息系统中的财务共享中心功能来对管理会计的重要信息进行整理和共享等。

参考文献

[1] 孙孝钢 . 医院财务电算化与财务内控制度关系的探讨 [J]. 中国卫生经济，2013，32（3）：93-94.

[2] 张静，张晓琦 . 实施"先诊疗后结算"模式的医院财务内部控制 [J]. 中国医院管理，2011，31（10）：32-33.

[3] 王昕，郑绥乾 . 构建新型的我国卫生政策研究体系模式 [J]. 中国卫生经济，2010，29（12）：8-9.

[4] 周燕颖 . 医院财务内控失控事件分析 [J]. 中国卫生经济，2012，4（31）：85-87.

[5] 张毓辉，万泉，翟铁民，等 .2012 年中国卫生总费用核算结果与分析 [J]. 中国卫生经济，2014，33（2）：5-9.

[6] 郭云波 . 公立医院内部控制研究综述 [J]. 卫生经济研究，2013，319（11）：31-33.

[7] 谢立娟 . 医院固定资产管理的实证研究 [J]. 中国卫生经济，2014，372（2）：79-81.

[8] 谢雪梅 . 县级医院物资采购模式探讨 [J]. 卫生经济研究，2013，319（11）：56-58.

[9] 田玮 . 基于新会计制度的医院财务内部控制体系建立分析 [J]. 中国保健营养（上旬刊），2014，24（7）：4439-4440.

[10] 李汉英 . 浅谈医院收费票据管理 [J]. 中国老年保健医学，2014，12（02）：134-135.

[11] 高勇 . 实施全面预算管理促进医院管理水平的提升 [J]. 中国卫生经济，2012，31（02）：56-58.

[12] 李群 . 新时期下医院财务内控管理存在的问题及对策探讨 [J]. 会计师，2015，32（12）：85-86.

[13] 王本燕 . 规范退费流程强化门诊住院收入管理 [J]. 现代医院，2016，16（9）：1375-1377.

[14] 顾凯宏 . 关于公立医院财务内部控制问题的探讨 [J]. 会计师，2013，177（18）：53-54.

[15] 袁悦 . 医院财务管理的现状及对策的探究 [J]. 农村经济与科技，2016，27（24）：66-68.

[16] 高勇 . 实施全面预算管理促进医院管理水平的提升 [J]. 中国卫生经济，2012，31（02）：56-58.

[17] 周燕颖 . 医院财务内控失控事件分析 [J]. 中国卫生经济，2012，31（4）：85-86.

[18]郭云波.基于COSO理论的县级医院内部控制研究[J].现代医院管理.2014,11（1）：198-194.

[19]关振宇.实施新事业单位的会计制度的现实意义探析[J].财务监督，2015，8（4）：264-267.

[20]郭云波.公立医院内部控制研究综述[J].卫生经济研究.2016，12（11）：256-258.

[21]杨雅琪.全面预算管理在医院内部控制中的应用研究[J].管理观察，2017，1（4）：168-169.